el factor del
higo

Una recopilación sobre el crecimiento, inspiración y segundas oportunidades

Jacqueline Camacho-Ruiz

EL FACTOR DEL HIGO

© Copyright 2013, Jacqueline Camacho-Ruiz.

Quedan rigurasamente prohibidas, sin la autorización escrita del titular del copyright, bajo las sanciones establecidas por las leyes, la reproducción total o parcial de esta obra por cualquier medio o procedimiento, comprendidos la reprografía y el tratamiento informático, asi como la distribución de ejemplares de la misma mediante alquiler o préstamos públicos.

Titulo original: The Fig Factor
Traducido de la edición de Jacqueline Camacho Ruiz, 2013
Publicado originalmente por RTC Publishing

Diseño gráfico y Cubierta de Juan Pablo Ruiz,
JJR Marketing, Inc

Traducción Castellana de Irene Balado-Anzola
internationalstranslations@yahoo.com

ISBN # 978-1-7330635-4-8
Depósito Legal: 2013936674

"¡Hermosa! He leído muchos libros, y el tuyo es uno de sólo un puñado que me ha inspirado y he llorado al mismo tiempo. Muy poderoso. ¡Bien hecho! ¡Le doy un Z +! "

TOM ZIGLAR,
Orgulloso hijo de Zig Ziglar

"Después de leer el libro, me he quedado impresionado. Leyendo su historia, ahora entiendo su motivación! El Fig Factor y su familia le han ayudado a convertirse en la mujer de negocios exitosa que es hoy. Su libro nos recuerda que el ángulo correcto para abordar un problema difícil es el ángulo de prueba. "

CLARK WEBER,
Celebridad de WLS Radio y autor de Rock and Roll Radio de Clark Weber: The Fun Years, 1955-1975

"Con anécdotas ricas y un corazón honesto, la historia de Jackie demuestra enfáticamente que no tenemos que ser derrotados o definidos por el fracaso, decepción o dificultad. Su vida es un testimonio de resiliencia y optimismo. Este libro debe ayudarte a que te des cuenta de que, al igual que ella, todos podemos encontrar la fuerza inspiradora dentro de uno y de llevar nuestras vidas dedicadas a hacer una diferencia positiva. Es más, evidencia de que Jackie Camacho-Ruiz continúa bendiciendo al mundo, especialmente a aquellos de nosotros privilegiados de conocerla y haber trabajado con ella ".

BILL MOLLER
Presentador de talk show, WGN Radio, Chicago

"A veces en un desierto árido, una flor sigue creciendo. El Factor del Higo de Jackie es esa flor, y lo dulce que es! Ella no es sólo un dinámica narradora, sino también una persona que todos debemos imitar. Si necesita o aprecia la inspiración, le recomiendo que lea El Factor del Higo."

STEVE FRETZIN,
Empresario y autor de Sales Free Selling

"La desgarradora historia de Jackie sobre los triunfos de una niña ante la tragedia es una lección sobre cómo su actitud puede dar forma a su mundo. Jackie pinta maravillosamente el cuadro de cómo ella esculpió su vida con las herramientas de la pasión, de la disciplina, y de la gratitud. Este emocionante libro te inspira a buscar lo bueno en ti mismo y en los demás, y esforzarse por hacer la diferencia".

SHEBANI KULKARNI,
Popular anfitrión, orador, fundador de EQuest Global Group y co-fundador de The Meadows Club.

Contenido:

DEDICACIÓN 7

AGRADECIMIENTOS 9

PREFACIO 11

PRIMERO, UNA NOTA 13

PRIMERA PARTE: Las Semillas, el Principio de la Vida 17

    Capítulo 1: Antes de la llegada 19

    Capítulo 2: Fragmentos de vidrio 29

SEGUNDA PARTE: Con el crecimiento, surge una planta 48

    Capítulo 3: ¡Fuego, Fuego! 49

    Capítulo 4: Nuevo país, nueva vida 57

TERCERA PARTE: Algunos capullos florecen, Otros se marchitan 74

    Capítulo 5: Espinas y Rosas 75

    Capítulo 6: Primer florecimiento del espíritu emprendedor 95

    Capítulo 7: Flores en otoño 109

CUARTA PARTE: Semillas en el viento 129

    Palabras finales: La belleza de la lluvia 131

    Epílogo: Viviendo los factores de la higuera 137

A Juan Pablo Ruiz, el amor de mi vida, y a nuestros dos hermosos hijos, Leonardo y Giullianna, por inspirarme a seguir adelante, y a mi madre, Felicitas, por su amor incondicional y apoyo peremne.

Reconocimientos

Mi agradecimiento a la escritora, Michele Kelly, por llevar este libro a la vida con no sólo su increíble talento, sino también su constante apoyo y dedicación a este proyecto, de hecho, el mayor de mi vida. Katie Gutierrez de Round Table Companies, Inc. fue instrumental como nuestra editora durante todo este proceso, trabajando para asegurar que usted se conecte con la historia en cada paso del camino. Gracias, Katie, por ayudar a Michele y a mí en este proyecto desde una perspectiva diferente y hermosa. No podríamos haberlo hecho sin ti.

Gracias a mi esposo, Juan Pablo, por su constante apoyo y amor y por hacer de mi una mejor persona todos los días. A mis hijos, Leonardo y Giulianna, por ser parte de nuestras vidas y traernos tanta alegría y regocijo.

Quiero agradecer a mi madre, Felicitas, por exponerme a la literatura y a la positividad desde el principio - sin ella, no estaría donde estoy hoy.

Agradezco a mi padre, Jesús Camacho, por sus constantes consejos sobre negocios y vida.

Gracias a mis dos hermanos, Efraín y Salvador, por apoyarme a lo largo de mi vida, no podría haber sido bendecida con mejores hermanos.

Estoy increíblemente agradecida a todos los maestros que creyeron en mí a lo largo de mi educación. Irene Anzola por su hermosa energía en ayudar a otros, ella me inspira cada día. A la señora Martin quien me acompañó en mi búsqueda constante para aprender y mejorar mi inglés, alimentándome pacientemente con el significado de cada palabra que me intrigaba. Agradezco a ambas desde el fondo de mi corazón.

A todos mis mentores, incluyendo a Clark Weber, a Brian Marshall, a Jim Kendall, a Marlene Baczek, a Joe Abraham, a Mario Ponce, a Harriet Parker, a Sara Victory, a Michelle Arden, ya Kevin Doyle, entre otros - gracias por ayudarme a crecer.

A mis clientes, socios, colegas, vendedores y contactos de los medios de comunicación, gracias por su constante compromiso con la excelencia y el éxito.

Y a las innumerables personas en mi vida que dejaron una impresión duradera en mi corazón, este libro es por ti y para ti. Gracias.

Prefacio

Durante mi experiencia de trabajar con cientos de líderes, sobre todo en la industria de la hospitalidad, he aprendido que la la intuición es uno de los factores que distingue a los grandes líderes, de los buenos:. Su toma de decisiones es prácticamente innata -como un sexto sentido. Aquellos de nosotros que estudiamos el liderazgo sabemos que una gran parte de esa intuición es en realidad por el diseño, construido por las experiencias que dan forma a cada uno de nosotros. Jackie Camacho-Ruiz sirve como un ejemplo de cómo su pasado moldea su futuro. Esta es una razón por la que se ha convertido en el líder que ella es hoy. Lo que es particular en Jackie, es que ella es tan genuinamente optimista, trabajadora y tenaz tanto hoy como lo fue en el momento en que la conocí.

A la tierna, edad de 21 años altamente entusiasta, ella anhelaba la excelencia, y nunca fue derrotada por fracasos. Hoy, su sistema de valores y sus pasiones permanecen intactos, su amor por la familia y la gente es sólido, y su compromiso de hacer la diferencia es inquebrantable. A menudo me preguntaba cómo esta joven llegó a estar tan motivada. No fue hasta que leí estas memorias que esto se convirtió vívidamente claro: Jackie no toma la vida en vano.

Mientras que otros podrían estar más interesados en abrazar el sofá, salir cada fin de semana, o simplemente vivir una vida "fría", Jackie disfruta la vida aprendiendo cómo hacer la diferencia. Lo que hace que su historia sea convincente son las recompensas que ella disfruta como resultado del esfuerzo. Su voluntad de entender el cociente de liderazgo es fascinante y cautivador. Colóquese su cinturón de seguridad - usted va en un viaje que no olvidará jamás.

- Mario Ponce

Mario Ponce es el director de Partners in Hospitality, una firma de consultoría de hospitalidad en Chicago, Illinois. Él es el autor del libro superventas Esperando en América y se ha dirigido a millares de profesionales de negocio y de la hospitalidad .

Primero, una nota

Siempre que hablo públicamente, mi corazón se aleja como un pura sangre impulsado por el impulso de su jinete. La gente dice que incluso los artistas más famosos del mundo se sienten así antes de subir al escenario, como manteniéndose en puntillas por la adrenalina. Entonces, la verdad se encuentra con el tiempo. El momento llega cuando subo al podio, trago con fuerza y me transporto a una historia tan cercana a mi piel que pierdo una capa con cada experiencia que comparto: Mi madre, quien sufrió una dolorosa pérdida de un bebé quedó mitigada por el milagro de mi nacimiento; el fuego que devastó mi hogar y me dejó con amor, coraje y esperanza; los repetidos fracasos en los negocios que aumentaron mis vastas reservas de determinación; y los higos, esos higos deliciosos y quemados que me enseñaron a perseguir la grandeza en medio de probabilidades que no estaban a mi favor.

Como oradora profesional y fundadora de una importante agencia de mercadeo del Medio Oeste, quizá doy alrededor de 150 o más discursos al año, muchos en los campus universitarios. El 11 de abril, el Colegio de DuPage, ubicado en los suburbios del oeste de Chicago, acogió a doscientos jóvenes de las escuelas secundarias del área para obtener una vista previa del campus y el plan de estudios de la universidad. Mi presentación dio inicio al día, con los estudiantes recibiendo una copia de mi primer libro, El Pequeño Libro de los Secretos Comerciales que Trabajan!

Enamorados de estar en un ambiente colegial, los estudiantes eran un mar de pantalones azules y sonrisas, llenos de emoción y un verdadero deseo de aprender. Compartí mis experiencias de la vida, enredadas en dolor y éxitos. Yo fui honesta cuando les conté cómo los retos de crecer en México me dieron el don de la resistencia. No me detuve cuando compartí mis primeras experiencias en una escuela secundaria americana; algunos de ellos, yo sabía, entenderían la angustia de ser condenados al ostracismo. Abrí mi corazón porque quería que tuvieran esperanza y abrazaran su futuro y, lo que es más importante, sus dificultades. Sabía lo importante que era para ellos. Quería que supieran que la vida siempre nos da oportunidades, una y otra vez, y que son, de hecho, poderosos agentes de cambio.

Entonces la escena dio un giro a la derecha. El 11 de abril es mi cumpleaños, y cuando bajé del escenario, todos esos adolescentes se reunieron alrededor de mí y cantaron en mi honor. Mi corazón se hinchó, mis mejillas se sonrojaron, y una oleada de gratitud recorrió mi corazón.

En ese momento, me di cuenta de que mi historia ya no me pertenecía; era más grande que yo. Rodeada por estas caras llenas de la esperanza de encontrar su verdadero propósito, decidí justo entonces que ofrecería el viaje de mi vida en un libro. Necesitaba estar allí para Debbie, Jack, Patrick, Peter y Austin. Katherine necesitaba saber que había mucho más para ella de lo que se imaginaba. En cuanto a Abigail, su miedo al compromiso no tenía que detenerla para dejar que la gente la ayudara a crecer. ¿Y María? Si sólo cambiara su lente del resentimiento a la gratitud, encontraría la alegría que tan desesperadamente buscaba. Los cientos de jóvenes que conocí ese día me llenaron de inspiración. El anhelo en sus corazones resonó a través de sus abrazos, sus voces descontroladas, sus sonrisas y sus historias. Quise gritar, "¡He estado allí! Todo estará bien y lo mejor de la vida está a tu alrededor ahora mismo. Justo aquí. "Cortamos el pastel de cumpleaños. Nunca había probado algo tan dulce.

Para mí, ese día fue un despertar, uno de muchos de esos momentos crónica en estas páginas. Juntos, me han enseñado una valiosa lección: desde las profundidades de la lucha viene una fuente de gratitud que nos inspira a ser mejor gente, más feliz y más exitosa. La impresión final del día en mi corazón era una promesa a mi misma: compartiría lo que había descubierto. Necesitaba contarle a la gente acerca de los higos.

Los higos cambiaron mi vida, que durante mucho tiempo han sido considerados un símbolo de paz, prosperidad y abundancia. Apenas tenia alrededor de cinco años cuando noté estas pequeñas frutas colgando cerca de la parte superior de un árbol fuera de la ventana de mi dormitorio. Tener un árbol floreciente en el cual fijar mi vista era una anomalía en una ciudad construida en un pantanal y llena de contaminación, sin embargo, de alguna manera, aun allí colgaban esos higos. Me susurraron.

Fui al patio de atrás y miré al árbol con la seriedad de un

socio de negocios. Los higos se balanceaban un poco con el viento, haciéndome señas para que hiciera algo con ellos, así que subí al árbol, con mis diminutos puños cogía los frutos y los metía en los bolsillos de mi falda. Traje una pequeña mesa y decidí venderlos. Pero nadie se detuvo a comprarlos.

No es justo, pensé. La gente que pasaba caminando necesitaba higos. Mis higos. Así que traje los higos al pueblo, persiguiendo a los transeúntes y ofreciendo cinco higos por tres pesos. Aquel día traje treinta pesos, una fortuna para un niño. El resultado, sin embargo, fue mucho mayor que las monedas en mi mano. Esos higos habían estado justo delante de mí mucho antes de que los reconociera como una oportunidad. ¿Cuánto más habría podido hacer con ellos si los hubiera visto antes? Esa pregunta lanzó una búsqueda permanente de vivir lo que yo llamo los "factores del higo".

Mi mayor esperanza es que después de que lea El Factor del Higo, una chispa lo atrape. Imagínese si esta luz pueda iluminar cada faceta de su vida: sus relaciones, su apertura al aprendizaje, su aceptación y apreciación de cosas grandes y pequeñas, su trabajo y sus enfoques creativos ante los desafíos. Mi esperanza es que su vida nunca será la misma una vez que considere al mundo como una maravilla y la gratitud de un niño vendiendo una pequeña fruta milagrosa.

Gracias por estar aquí para experimentar este viaje, por compartir esta historia que ya no es solo mía. Ahora, venga y caminemos juntos...

PRIMERA PARTE:
Semillas, el comienzo de la vida

1

ANTES DE LA LLEGADA

"En el otro lado del miedo está todo lo que siempre quiso."

— Clark Weber

Mexico City es una de las ciudades más grandes del mundo, veinte millones de personas se pelean por sobrevivir y mi familia no era diferente. Recuerdo una frase divertida que la gente solía decir: "Para sobrevivir en la Ciudad de México, tienes que rascar más fuerte que un pollo, moverte más rápido que un gato y cantar más alto que un gallo". El último es probablemente el más importante. En la Ciudad de México, si no eres escuchado, eres pisoteado por la gente, el polvo, el robo y la desesperanza.

Sin embargo, tan única como es la ciudad de México, algunas cosas son universales: la gente se enamora y la gente muere. La gente duerme, compra y se preocupa por su futuro. Los niños juegan, los médicos curan y las madres oran. Y, en mansiones o casuchas, el dolor cruza sus manos alrededor de corazones rotos y los desmantela cuidadosamente.

Mi madre, Felicitas Esparza, era una de las que rezaba por

la vida. Su búsqueda trajo a sus dos hijos, seguidos por dos bebés perdidos en nacimiento. La pena la encontró a través del dolor físico, las sábanas manchadas de sangre, y la danza oscura del médico y las enfermeras atendiendo a la muerte en lugar de la vida. La pérdida de un niño nos desarma; innegablemente, somos cambiados para siempre. Y así fue con mi madre.

Con el largo y brillante cabello castaño enmarcando su suave piel de canela, la belleza física de mi madre era incuestionable. Su verdadera belleza, sin embargo, se podía encontrar en sus profundos ojos marrones, los cuales envolvieron a sus hijos con un amor incondicional. Después de sus pérdidas, su gratitud por los dos hijos fuertes que crió fue aún más pronunciada -aún estaba agradecida por la niña que aún no había entrado en el mundo. Su corazón le hizo le dio señas de esa hija, y mi madre nunca se preguntó si -pero sí, cuándo- cogería al bebé en sus brazos.

¿Alguna vez has visto el juego donde los dados se colocan bajo tres copas idénticas? Un jugador los cambia por lo que el otro jugador trata de adivinar cual dado esta bajo que taza. Así era para mi madre. Su tristeza estaba siempre bajo la primera copa. Su terquedad estaba bajo la segunda. Y, afortunadamente para mí, su absoluta resolución se sentó sólidamente bajo la tercera copa.

Ella visitó tantos médicos como pudo a través del sistema de salud pública de México. Ella y mi padre no podían permitirse un médico en un consultorio privado; en México, hay dos clases económicas: los ricos y los que sueñan con la riqueza. Con el sistema de libre mercado del país, esta división repercute en el acceso a una educación de calidad, a la asistencia médica, a todo. La familia Camacho no era rica. "Los médicos estaban desconcertados", me dijo mi madre. Pero yo sabía algo que ellos no sabían. Sabía que había una niña esperando para nacer. Sólo tenía que encontrar a alguien que pudiera ayudarme.

Recuerda el juego de dados: la terquedad escondida bajo una de las tazas. Mi madre volvió a quedar embarazada. Esta vez, el destino intervino. Un amigo dijo, "Hay un médico que conozco. Es amigo de la familia; el es bueno. Deberías ir a verlo.

El doctor Amador tenía cuarenta y dos años y estaba dotado de un intelecto médico intuitivo. Un médico tan hábil no es fácil de encontrar en México. La educación, especialmente la educación superior, carece de la tecnología y la formación avanzada común a los hospitales de enseñanza en los Estados Unidos.

Mi madre siguió el consejo del Dr. Amador y estuvo en cama durante la segunda mitad de su embarazo. A las veintiocho semanas, el le prescribió medicamentos que fortalecieron tanto su cuerpo como su resolución. Para mi madre, este embarazo le abrió paso por caminos físicos y espirituales. Muchas veces, ella tenía la sensación de que ya había conocido a este bebé, sintió los dedos de las manos y los pies, y se maravilló de la extraordinaria vida que aún no había nacido. Su fe nunca vaciló. Independientemente de lo mal que se sintiera o de la exigencia de mis hermanos Efraín y Salvador (de once y siete años), mi madre de alguna manera hizo su peregrinación dominical semanal a nuestra iglesia católica local.

A lo largo de su embarazo, mi madre sintió una conexión con Dios

Por primera vez en su vida, sintió la presencia de Dios en su corazón. De hecho, la dinámica de toda nuestra familia cambió durante ese tiempo; cada uno enfocó su energía y oraciones en el niño que mi madre llevaba. Incluso mi padre, que nunca había sido una persona de mostrar mucha emoción o apoyo, ayudó a cuidar de mis hermanos, comprar comestibles y cuidar la casa. Mis hermanos también ayudaron. Efrain reflexiona: "Yo quería que este bebé fuera parte de nuestra vida, y decidí que ayudaría a cuidar a mamá de maneras muy especiales". Así que Efraín limpió y cocinó. Y oró el Ave María y el Padre Nuestro por la noche porque sabía que se requeriría mas dedicación que antes para ayudar a nuestra madre.

Un domingo en particular, la misa había terminado y mi madre anhelaba permanecer un poco más tiempo para orar. En uno de sus nuevos momentos de sensibilidad, mi padre aceptó llevar a los muchachos afuera y esperar. La iglesia estaba tranquila y quieta. La luz se filtraba a través de los vitrales, y las sombras de las velas parpadeantes bailaban a lo largo del altar. Mi madre se arrodilló ante la madre María, poniendo su vientre redondo ante las manos de la Virgen, con la cabeza cubierta de encaje negro. Mi madre susurró fervientes oraciones, suplicando a Dios por la pequeña alma que había dentro de ella.

"Dios, este es tu bebé," dijo, con una mano apoyada en su vientre. "Si le das la oportunidad de vivir, te prometo que será tu instrumento para hacer el bien en este mundo..." Mi madre no terminó su apelación, porque en ese momento preciso, me moví dentro de su matriz. Para mí, esto era una conversación directa con Dios y, en ese día, Él claramente respondió a mi madre.

Entonces, finalmente llegó el día de mi llegada. Las complicaciones de mi nacimiento -y mi supervivencia- desafían la lógica. Yo nací con el cordón umbilical envuelto firmemente alrededor de mi cuello, de color púrpura y jadeando por aire. El Dr. Amador, acompañado por otro médico, me salvó al controlar mi respiración y bombear oxígeno a mis pequeños pulmones. (Una famosa fábula mexicana dice que las personas que nacen con su cordón umbilical alrededor de sus cuellos serán muy inteligentes! Tal vez la verdad es que, para nosotros, la vida comienza con dificultad y dolor. Nuestros instintos de supervivencia han sido despertados.)

Y así, las oraciones de mi madre fueron contestadas. Estaba eufórica. Más que eso, estaba profundamente y eternamente agradecida. A veces pienso que literalmente nací en los brazos del agradecimiento. Nunca he tomado mi vida por hecha y creo que esta virtud es la clave de la felicidad. Cuando uno es agradecido, se mira al mundo con ojos diferentes. Uno defiende las pequeñas cosas. No dejas nada sobre la mesa.

Después de mi nacimiento, mi madre deseaba un hijo más, y volvió a quedar embarazada. Durante su embarazo, el Dr. Amador murió en un terrible accidente automovilístico. La tristeza y la desesperación envolvió el corazón de mi madre-sabía que el bebé en su vientre estaba en riesgo, y no sabía si habría alguien más para ayudarla. Tal cual como lo temía, empezó a sentir los mismos síntomas de otros embarazos que habían terminado en pérdidas. Entonces, una vez más, su cuerpo estaba en sus manos. Mi hermano menor no llegó a a nacer, mi madre sufrió un aborto a los cuatro meses.

A medida que yo crecía, había muchas noches cuando mi madre me tomaba de la mano mientras caminábamos juntas después de la cena. Pateábamoss piedras, enjambres de polvo que volaban sobre el camino de tierra. Erámos felices, componíamos rimas y juegos. Una vez, cogió una roca, la colocó en la palma de mi mano y lentamente, cuidadosamente, acurrucó mis pequeños dedos alrededor de los suyos. Sus ojos buscaron mi rostro para asegurarse de que sus palabras quedarían impresas para siempre en el registro de mi mente. Incluso antes de hablar, me sentí como un superhéroe que tenía una misión de salvar al mundo de los poderes del mal.

"Tú, Jackie, eres como una roca", dijo. "Fuerte, siempre avanzando, inquebrantable. No eres la roca que está al lado del río; tú eres la roca que crea las ondulaciones del agua. Ayuda al río a crear sus propias olas. Deja tu marca, y recuerda que la fuerza está dentro de ti. Tú entraste en este mundo como una luchadora. Todo lo que tienes que hacer es cerrar los ojos y recordar quién eres y de dónde viniste. Recuérdalo siempre.

Mi madre me llama una luchadora, pero ella luchó por mí incluso antes de que yo naciera. Creyó en mí, sin reservas ni miedo, antes de que me viera. Ella fue mi primera animadora y mi primera mentora, y ella ha sido mi mejor amiga hasta el día de hoy.

Durante muchos años, me pregunté, ¿Por qué yo? Las circunstancias que rodearon mi nacimiento -las oraciones de mi madre por una niña, los años de duelo, las suaves manos de un médico experto durante una breve ventana de tiempo- me sacuden hasta el corazón. Mi conclusión: el mundo es nuestro para darle forma, para reflexionar, para hacerlo mejor. Estoy viva. Cada día, miro mi vida de la manera que un escultor mira su modelo de arcilla. Visualiza la pieza por terminar pero siempre está abierto al cambio. Él le da forma pero, a veces, se detiene para apreciar el trabajo aun sin forma, obra difícil en progreso.

Al final, esa escultura es la historia de nuestra vida.

Factor del Higo: Descubrimiento

En algún momento de la vida, cada uno de nosotros se enfrenta a luchas inmencionables. Lo que he aprendido de esto es que mi vida es un milagro, dado a mí por un poder superior. Tengo un negocio exitoso, un marido espléndido, unos hijos cariñosos y hermosos. Nunca he tomado nada de eso por hecho. Las elecciones que he tomado nacen de la pasión, la disciplina y la gratitud. Estas son herramientas esenciales dentro de la caja de herramientas de la vida. Además, encuentro un gran consuelo porque nunca estamos solos en el viaje de nuestras vidas: tenemos nuestra fe y el amor de los demás que nos rodean, así como mi madre buscó el consuelo de Dios y el de su familia. En el corazón de los factores del higo se encuentra la creencia de que nuestra espiritualidad y pensamientos hacia los demás nos lleva un poco más a lo positivo, exponiéndonos a crecer y ver el mundo de maneras sorprendentemente nuevas.

Cuando yo fui mucho mayor, mi madre me dijo que yo estaba bendecida que había un ángel cuidándome. Quizá tal vez porque realmente he sentido tal presencia o porque he soñado con ángeles muchas veces, todo mi cuerpo tembló ante sus palabras. Cuando empecé a llorar, me di cuenta de lo agradecida y humilde que era por la hermosa oportunidad de vivir. Los ángeles caminan entre nosotros, observándonos como soldados silenciosos, para salvar, ayudar, proteger, guiar y sanarnos. Creo que esto es tan cierto como ver un edificio o un árbol, sólido y seguro, o sentir el toque tierno de la mano de mi hija.

Tal cual como me aconsejó mi madre, cuando recordamos de dónde venimos, estamos mejor preparados para avanzar con valentía, sin desilusión ni incertidumbre. Cuando apreciamos nuestro comienzo, descubrimos la clave para honrar el propósito de nuestra vida. Siempre que me desvio de mi propio consejo, saco la roca que mi madre me dio cuando era niña. Ella tenía razón: soy una luchadora. Confieso, sin embargo, que nunca imaginé cuántas veces ese espíritu sería probado!

Peldaños de los Factores del Higo...

1. Cuando se acuerda de su nacimiento, ¿cuál es el recuerdo más sorprendente o conmovedor que tienen sus padres de usted?
2. ¿Cuál es su piedra- un artículo que tenga que simbolice fuerza y valor?
3. Deje a un lado diez minutos de su día para descubrir la vida. Piense en cómo abordará esta situación. Tal vez sea a través de una larga caminata o escribiendo una carta. Luego escuche y observe lo que aprende sobre usted. Escríbalo.
4. ¿Cuáles son sus dones o talentos especiales? Considere una manera de utilizarlos más a menudo. Al hacerlo, honrarás u destino y dejará su marca en este mundo de maneras increíbles.
5. Mire hacia atrás en el día de hoy. ¿Hubo alguien que marcó una diferencia en su vida? Agradézcalselo lo antes posible.

2

FRAGMENTOS DE VIDRIO

"Haz que otros se sientan importantes."

— Dale Carnegie

El primer desafío real en mi vida fue nombrado Salvador. Siete años mayor, Salvador consideró que su vocación era torturar a su hermana menor, a mí. Lo que le faltó en estatura, lo compensó mucho más en bravonería. Él me insultaba, se burlaba de mí por mis ideas tontas y por pequeña, haciendo mi vida miserable sin causa. Cuando el me perseguía, yo corría; y cuando el me empujaba, yo lloraba.

Salvador me enseñó sobre el miedo. Mientras echaba un vistazo detrás de la vieja y destartalada silla de mi padre, esperaba sin aliento con la esperanza de que pasara por un lado de mi escondite. No me gustaba la sensación de huir, aunque "lejos" significaba la habitación de al lado. El escapar me hacía sentir pequeña. Pero enfrentar a un niño dos veces mi estatura y mi peso era una tarea intimidante.

Un caso en particular, sin embargo, cambió el equilibrio del poder tan ligeramente, y marcó la primera vez que me di cuenta que la vida ofrecía opciones en ves de meras circunstancias. El aire era espeso durante el calor del verano, el cual se sentia más caliente cuando corría salvajemente al tratar de escapar de los gritos de guerra de indio de Salvador- Mi cabello largo y negro se agitaba alrededor de las esquinas de los cuartos mientras me perseguía por el primer piso de nuestra casa. Una lámpara se inclinó en la sala de estar y los papeles del mostrador de la cocina se agitaron como palomas en el suelo a raíz de nuestra carrera por la puerta de atrás y por la del frente. Yo entré primero, y la idea de cerrar con llave tanto la puerta delantera como la trasera me impactó de alguna manera la decisión tomada. Lo que siguió fue, hasta el día de hoy, uno de mis momentos más triunfantes: vi a mi hermano allí de pie, inerte frente a los paneles de vidrios que nos separaban. El se sentia impotente.

El entendimiento de que la fuerza a menudo no es tan importante como el intelecto me anegó en olas. He utilizado esta percepción muchas veces en mi carrera. La superación de un rival exige confianza, para la planificación de una estrategia solida de tres niveles de profundidad. Algo dentro de mí cambió ese día; Descubrí que ser inteligente ofrecía ventajas abruptas. A partir de entonces, decidí aprender todo lo que podía en la vida.

En contraste con Salvador, Efraín me protegió con la mano y el corazón de un padre. Era casi una docena de años mayor que yo, y sus sencillos actos de amor me mostraron que la generosidad de los demás esculpe la vida. Él tomó mi mano como si yo fuera una princesa y me dio vueltas en una danza espontánea en medio de risas y abrazos. Una vez, me dio un girasol de color rojo-naranja ardiente cortado en nuestro patio. *Ponga esto en un florero pequeño en su escritorio porque las damas siempre deben estar rodeadas de cosas hermosas.*

Su alta estatura se magnificó por la generosidad que nunca dejó de demostrarme. Siempre me hacía sentir importante. Más tarde leería libros de autores que dedicaban miles de páginas a este tema, pero Efraín no era autor. Era simplemente una persona que reconocía y honraba el valor de los demás tan naturalmente como tomar cada respiro.

Durante el curso de mi trabajo, a veces he compartido una mesa de conferencias con personas que son groseras o impacientes o que simplemente evitan la dignidad de los demás. Una vez, una colega me llamó su Dama Latina; otra vez, un cliente potencial tomó toda la tarde solamente para revelar que él no tenía ningún presupuesto verdadero de la comercialización. Esto es parte de la vida. En aquellos tiempos de frustración o molestias, recuerdo a Efraín. Para mí, Él es un marcador de posición para reconocer el valor de los demás, un recordatorio para verlos verdaderamente y no sólo pasar sobre ellos en nuestra búsqueda de la próxima oportunidad.

Cuando comencé la escuela primaria, mis hermanos se habían ido a buscar una vida mejor en los Estados Unidos, mi papá había descubierto el elixir del alcohol, y nuestra familia desmembrada comenzó un estilo de vida transitorio que más tarde me incluiría en tres jardines de infancia diferentes, dos primer grado diferentes, y dos cuarto grado diferentes.

La partida de mis hermanos marcó mi primer adiós. A veces, hacer las cosas correctamente son las decisiones más difíciles de tomar, y así fue para todos nosotros. Aunque yo, a esa edad, comprendí que las oportunidades de educación y empleo eran mucho mas grandes en los Estados Unidos. Su partida fue uno de los momentos más difíciles de mi vida. ¡Incluso con Salvador! Le digo a mis hermosos hijos, Leo y Giulianna, que es difícil vivir con los demás, pero todos debemos entender cómo llevarnos bien, incluso cuando nuestra paciencia es puesta a prueba y nuestro orgullo herido a manos de nuestros hermanos y hermanas.

El día en que Efraín y Salvador se fueron, los abracé hasta que se fueron. Entonces corrí, no lejos de algo esta vez, sino hacia emociones que nunca antes había comprendido: dolor, pérdida y tristeza. Las lágrimas tibias humedecieron se esparcieron a lo largo y ancho por los tejidos blancos de mi habitación. No podía sentarme y aceptar; Me moví como un pájaro herido, buscando desesperadamente el vuelo. En mi frenético paseo, el jarrón que había sostenido una vez ese hermoso rayo de sol rojo-naranja se estrelló contra el suelo. La luz caía de manera diferente sobre todos nosotros en nuestras vidas. Todo lo que vi, sobresaltada por el impacto, fueron las sombras que agarraban los bordes de esas piezas de vidrio. Adios, mis hermanos, los quiero.

Y después de varios días, mi padre simplemente se fue. De hecho, en los días que estuvo con nosotros, no recuerdo que hubiese un dia que él no bebiera. Un puñado de estaciones de repente se convirtieron en años, sobre el cual mi papá pasó gradualmente de la línea de beber socialmente a la adicción. No se dio cuenta de que sus pasos lo llevaban cada vez más lejos de mí, pero una vez más, el miedo era un compañero frecuente en mis sueños y en las horas de vigilia. La amenaza invisible de que un día mi padre nunca volvería oscureció nuestros días como una lluvia constante. ¿Qué pasaría si un accidente cobrara su vida? ¿Qué pasaría si alguien más resultara herido por su descuido? *¿Qué hice para alejarlo?* Es increíble cómo los sonidos de la noche son diferentes cuando se ha perdido la presencia diaria de un padre. Todo se amplifica y exagera. El pasar de un carro podría ser traicionero e invasivo. Los sonidos pequeños se convierten en las huellas descuidadas de un intruso. Mi vida anterior era un remanente ahora, una parte de algo que nunca volvería completamente.

Y así, busqué el refugio de las palabras. El conocimiento que los libros me dieron era confiable e inmutable, un pilar constante durante los años cuando nos mudamos de casa en casa dentro de la extensión de la Ciudad de México.

Empecé a leer cuando tenía cuatro años. Mi prima me recuerda de mi amor por la lectura cada vez que recordábamos algo acerca de nuestra juventud. Dijo que verme leyendo a tan temprana edad le fascinaba. Todo lo que mis manos pudieran alcanzar, yo lo leía: etiquetas en latas de comida, folletos, cajas de pañuelos y mapas. La curiosidad me impulsó a recoger el conocimiento como conchas en la playa. Cuanto más leía, más pensaba, *yo podría escribir* así. Cuanto más lo veía, *más pensaba, podría averiguar cómo hacerlo.* Éstos eran los juegos mentales de un niño. Había probado el concepto del desafío y lo encontré absolutamente delicioso.

Con las frecuentes ausencias de mi padre, mi madre tuvo que encontrar la manera de apoyarnos mutuamente. Fue difícil, pero leer libros me dio paz y certeza de que había un futuro mejor. Ellos fueron mi escape de la realidad en un increíble mundo de posibilidades. Me imaginaba un hogar estable, libre de preocupaciones financieras o familiares. Me imaginé vestida con ropa como las que llevaba mi mamá, ganando dinero haciendo cosas interesantes en los negocios. Las historias que leí en los libros eran acerca de la gente exitosa, y llenaron mi cabeza con sueños sin ataduras. Imaginé lo que se sentiría al experimentar ese tipo de éxito-de tener las cosas que quería sin preocupación por el dinero y el uso de mis recursos para hacer una diferencia en la vida de los demás. ¿Y si pudiera romper las barreras y lograr un verdadero éxito en la vida? ¿Qué pasaría si pudiera encontrar la pasión de mi vida y ejercerla todos los días mientras gano dinero y ayudo a los demás? Nunca ha pasado ni un día sin hacer algo, ya sea pequeño o grande, que me acerca a esta visión. Estas preguntas me muerden los talones como un perro fiel.

Mientras que una vida transitoria me dejó anhelando un hogar permanente, esta experiencia cultivó mi capacidad de adaptarme. Los amigos iban y venían. Los vecindarios cambiaron. Pero quedaba una cosa: podía recoger un libro y sentirme fortalecida. Mi madre valoraba la educación aunque ella tenía poco de ella. Tal vez esto la hizo aún más vigilante para que continuara aprendiendo. Ella alimentó mi curiosidad exponiéndome a cada acontecimiento, libros, y a las personas que ella pudiese encontrar con alguna lección para enseñarme, ella constantemente me aseguró que estaba destinada a alcanzar la grandeza. Ella me desafió a averiguar cómo podría haber manejado situaciones mejor que otros y me animó a hacer preguntas cuando no tenían respuestas. Tomé su consejo, y una persecución insaciable del conocimiento hizo que me convirtiera en un estudiante excelente.

No sólo me sentí consumada al conquistar temas como las matemáticas, el lenguaje y la ciencia, compartí felizmente mi amor por el aprendizaje con los demás. Cuando yo estaba en el segundo grado, diariamente le proporcioné a un amigo vecino tareas impecables. Estaba a un nivel tres grados avanzados en la escuela. Nunca se me ocurrió pensar que esto era inusual. Y definitivamente nunca se me ocurrió que estaba mal! En cada escuela que asistía, absorbía información. Tal vez nunca había visto los problemas de matemáticas antes, pero los resolvía porque creía que todo era posible. Eran rompecabezas, y todos los rompecabezas tienen soluciones. Podía resolver cualquiera de ellos.

Junto con la búsqueda de mi madre para mejorar la situación de nuestra familia, la bebida de mi padre también progresó, dando dos pasos hacia adelante, un paso atrás escupiendo en nuestras vidas. Creo que él quería ser un mejor padre y marido, pero estaba abrumado por sus propios problemas. Entonces, cuando mi abuela nos ofreció una propiedad en Malpaso, una pequeña ciudad a siete horas de la ciudad de México donde nació mi papá, la idea de mudarse parecía una oportunidad para un hombre que tal vez esperaba una segunda oportunidad.

-Mi padre, dijo El, murió cuando yo era joven. Yo era tan pequeño ", el diría con una mirada contraída en su rostro bronceado por el sol. Luego él describiría la ciudad y yo soñaría que había vivido allí, también. "Éramos soldados en las colinas armados con palos y árboles como nuestras torres de guardia. Había tanta tierra abierta alrededor de nuestro pueblo. Como un muchacho joven, yo podía hacer cualquier cosa en mi pequeño pueblo. Yo era feliz. Y entonces, de repente, mi padre se había ido. Cáncer del estómago. Es curioso cómo puedes sostener la mano de alguien un día y luego nunca volver a sostenerla nuevamente. Ningún médico podía ayudarlo. Tenía sólo treinta años. Un tío me llevo a vivir con su familia. Yo era una boca menos para alimentar a seis. Me mudé a la ciudad cuando tenía siete años y siempre miraba hacia atrás con pesar y resentimiento. "

¿Puede un lugar definir quiénes somos? ¿Quién podríamos ser? Ante los ojos de mi padre, Malpaso creó esperanza para un nuevo comienzo. Compartió sus dibujos y planes para nuestra nueva casa, alisando los grandes planos en la mesa de la cocina tan cuidadosamente como si fueran láminas de vidrio. Esos planos reflejaron una nueva vida para mi padre, mostrándome lo mucho que ansiaba la paz, simultáneamente deseada y prohibida por su adicción. Como muchos niños, hijos de alcohólicos, no bebo, y considero que mi elección es un regalo de mi padre.

La primera vez que fui a Malpaso, Calvillo, en el estado de Aguascalientes, mi corazón saltó de alegría tan solo tenía siete años de edad. Las calles empedradas, las iglesias antiguas, y colchas de parches amarillos y granjas verdes me dieron la bienvenida. Llegamos en un Impala 1974 azul pálido rodeado de óxido. Utilicé cuidadosamente la manija para bajar la ventana y bebí del panorama, los aromas, y el tapíz que estaba frente a mí. Estaba dispuesta a encontrar mi lugar dentro de este nuevo mundo.

Muchas de las seis mil personas que vivían allí eran ricas, beneficiándose de la abundante fruta de la región: la guayaba. Sin tales recursos, mi padre construyó las paredes de nuestra casa con intuición y pensamiento estratégico. Fue increíble, desarrollando los planes arquitectónicos sin ningún entrenamiento formal. El era un agente que trabajaba de vez en cuando con las celebridades que aparecían en Televisa, la estación de televisión más grande del país. Yo sé, que en mis momentos mas tranquilos, él inspiraba en mi el deseo de alcanzar la cima de cada montaña. Sus repetidos intentos de negocios hablaban mucho de no darse por vencido. Me aparté, sin embargo, la forma en que el alcohol usurpó la línea de visión de mi padre para lo que era más importante: su familia. Llevó a mi padre a elegir un camino diferente que iba más allá de Malpaso.

La última habitación de la casa faltaba por terminar estaba en el segundo piso. Había que hacerlo poco después de que nos mudáramos. Hoy, veinte años más tarde, el yeso en esa habitación permanece inconcluso, cables eléctricos como manos frustradas colgando entre un techo blanco desigual. El dinero que mi padre debió haber usado para terminar la casa desapareció. Mis padres discutían constantemente sobre esto y tantas otras cosas. Todavía puedo oír los gritos de mi padre, llamadas de frustración y resentimiento contra una vida que él no sabía que tenía: una hermosa esposa, una hija que lo adoraba, una casa que él podría haber hecho su hogar, dos hijos que pudieron haber estado allí si su padre hubiera tomado una decisión diferente. En cambio, el olor a ginebra y cerveza colgaba pesado en el aire cuando estábamos juntos, después que él se iba quedaba una pila de botellas vacías. Todo lo que tenía que hacer era amarnos y cuidar de nosotros. Para una niña, esto parece simple, pero para un hombre dentro de las garras de sus demonios personales, está lejos de ser fácil. Efraín, te necesito. *¿Me recuerdas? ¿Dónde están tus hermosos ojos verdes para consolarme y decirme que todo saldrá bien? Aunque sólo sea por un momento, te necesito.*

Cierro los ojos y pienso en esa habitación sin terminar. Cuando las personas en nuestras vidas dejan en segundo lugar las cosas, todos dejamos una habitación sin terminar dentro de nosotros. La fama es efímera, el dinero es accesible, el poder es un mito, pero la gente es la luz que guía nuestro camino.

Mis esperanzas y sueños fueron rápidamente aplastados cuando entramos en esa pequeña ciudad. Nunca pertenecí. Los habitantes de la ciudad habían pasado generaciones allí; nunca nos dieron la bienvenida. La gente solo caminaba y seguia caminando. Rara vez fui invitada a ir a fiestas o unirme a amigos. Al principio, soñé con volver a la Ciudad de México para lograr mis sueños de convertirme en un éxitosa y reconocida persona de alguna manera. La gran vida de la ciudad deslumbraba más fuertemente ahora que estaba fuera.

La escuela era mi refugio. Me encantaba la escuela porque constantemente me desafiaba, evaluaba y recompensaba, aunque sólo fuera con una buena calificación. Obtuve logros, pequeños y grandes, como guijarros en mis manos. Ellas construirían la plataforma que me permitiría ser una empresaria algún día. Si algún día.

Mis aspiraciones contrastaban con la pequeñez del

pensamiento que parecía estar en todas partes. Los bravucones criticaban la manera en que yo hablaba; ellos resentian mi inteligencia y rechazaban mis esfuerzos para ser amigos. Fui calificada erróneamente de "chica rica de la ciudad". Nadie podía ir a ninguna parte sin que la ciudad entera supiera y chismorreara sobre los lugares en los que pude haber estado antes. La verdad no tenía ningún interés en esas conversaciones. En una ocasión, los niños vecinos estaban jugando "stickball" afuera. Las mamás y los papás se sentaban en las galerias de sus casas en la tarde, bajo un cielo hermoso. Cuando pasaba en mi bicicleta, muchos de los niños me gritaban nombres y comentarios groseros hacia mí. "Zorrai", me llamaron. Una interpretacion de mi segundo nombre, Saray, la palabra significaba "zorra". Conmovida, sentí el movimiento de mi bicicleta pero me congelé por la frialdad de sus palabras. Su juicio era asfixiante. Durante mucho tiempo, traté de adaptarme. No estoy segura de haberlo logrado. Sin embargo, aprendí el valor de la inclusividad viviendo mis limitaciones. Más solos que nunca, mi madre y yo hicimos un pacto silencioso. En ausencia de las personas que deberían haber desempeñado un papel prominente en nuestras vidas-mi padre para mi madre y mis amigos para mí- marchamos juntas y creamos una vida mejor para ambas. Mis días de infancia pateanado piedras y de componer rimas con mi madre fueron reemplazados por todas sus reuniones y presentaciones de negocios por permanecer a su lado. Mi madre era una vendedora, y yo estaba sorprendidida por todo lo que hacia.

CAPÍTULO 2: FRAGMENTOS DE VIDRIO

Ella me llevaba por todas partes, ya fuera vendiendo cosméticos o suplementos nutricionales o comida. Vi las casas de sus clientes. Asistí a reuniones corporativas. No perdí nada.

Visitamos muchas casas de gente adinerada, y siempre soñé con vivir en casas tan grandes con hermosos tapices, suelos de terrazo y muebles elegantes, con jardines prolijamente cuidados y con piscinas me hicieron sentir como si estuviera visitando la casa de una artista. Me pregunté por qué no teníamos esas cosas, pero de alguna manera sabía en mi corazón que si trabajaba constantemente duro, como mi mamá, haría que sucediera. Me encantó verla proporcionar soluciones a sus clientes y obtener resultados. Había una sensación de orgullo y felicidad cada vez que alguien decía "Gracias" o "Esto fue maravilloso para mí". Soñé con el día en que haría mi propia venta. Yo quería ayudar a tanta gente como fuera posible también.

El atuendo de mi madre era simple pero impresionante. No podíamos permitirnos muchas cosas -a veces se necesitaba un año entero sólo para ahorrar un par de zapatos-, pero creía que la calidad era mas importante que la cantidad. A primera vista, su armario nunca estaba lleno, pero con accesorios como bufandas y cinturones, hacia un traje de aspecto completamente diferente con cada uso. Ella me dijo lo importante que era "la imagen para la primera impresión". La idolatraba. Su perfume persiste en mi memoria incluso ahora, y siento su suave y tranquilizante mano alrededor de la mía. Trabajaba tan duro para conseguir ventas, se despertaba temprano cada día y se aseguraba de que siempre estuviera a tiempo para cada cita.

A medida que fui creciendo, empecé a ayudarla. Aunque tuve mi parte de berrinches adolescentes fuera del "trabajo", nunca dejé de poner toda mi energía en ayudarla a ganar tantas ventas como fuera posible. Vendimos Jafra, una línea de productos exclusivos de belleza y maquillaje natural, y eventualmente suplementos nutricionales de marca Herbalife. Acompañé a mi mamá en las demostraciones y, a menudo, yo hacia la presentación con la guía de mi madre. Estaba tan orgullosa de que mi buena caligrafía me diera el privilegio de ayudarla a preparar órdenes. Desde la educación formal de mi madre sólo llego hasta el segundo grado, tanto mi escritura y habilidades matemáticas resultaron útiles. Contactaba los clientes por teléfono y les ofrecía consejos bajo la supervisión de mi madre, motivándolos a comprar más productos. Fue divertido. Ganamos viajes, vimos celebridades, ganamos entradas VIP a eventos, e hicimos dinero extra para comprar zapatos o ropa. La gente estaba fascinada con mi perspicacia en los negocios a esa tierna edad. Muchos de sus clientes disfrutaron de mi entusiasmo juvenil, y rápidamente me gané el respeto y la reputación de ser "inteligente" más allá de mis años.

Recientemente, una amiga me contó cómo recordaba que nunca tuve miedo de hablar con la gente, y siempre sentí curiosidad. Mi amiga recordó cómo mi madre me dio la fuerza y el poder, queriendo que yo ampliara sus propios sueños de un estilo de vida financieramente independiente, con una actitud segura de mí misma, y el éxito en los negocio de cualquier campo que yo eligiera. Al final, ella quería que tuviera una vida más féliz, también deseaba que yo fuera quien lo creara sin la completa dependencia de un marido. En mis ojos, mi mamá hizo todo lo que pudo para que las cosas sucedieran. Como madre ahora, veo que el mundo que mostramos a nuestros niños es de hecho el mundo que configura quiénes somos.

Además del insaciable deseo de lograrlo, mi mamá me dio otro regalo raro: los libros que se convertirían en mi pilar literario. Al estar expuesta a la lectura desde tan joven me permitió devorar la gran literatura de autores como Dale Carnegie, Napoleón Hill, Zig Ziglar y Og Mandino. "Todo el éxito que lograrás será en proporción directa a cuántas personas ayudas a ser exitosas", susurraron las páginas escritas por el Sr. Ziglar. Rhonda Bryne me enseñó que "todas las respuestas están dentro de ti". Napoleon Hill abrió posibilidades con "lo que tu mente puede concebir, puedes lograr".

Más tarde, cuando vine a América, habría dejado con gusto cualesquiera de mis pertenencias detrás con la excepción de esos libros gastados y atesorados. La sabiduría proviene de las voces de aquellos que han intentado, fracasado y probado de nuevo. Estar rodeado por estos grandes escritores me conectó con un cuerpo de conocimientos que perfeccionó mis ambiciones y elaboró mis habilidades de negocios. Los analizaba como si fuera a enseñar un curso sobre sus principios. Mi madre, también, estaba enamorada de libros de autoayuda, memorias de personas exitosas y consejos de ventas de los mejores expertos. Ella también amó la poesia y escribió una colección de poemas hermosos a nosotros cuando éramos niños.

Todas esas voces que resonaban en mi cabeza me animaban a imaginar las posibilidades. ¡Yo estaba despierta!

Los rumores dentro de mí alimentaron un fuerte deseo de ser algo más grande que lo que era y ayudar a otros a sentir lo mismo, especialmente en los días que mi madre se sintió derrotada. La derrota es una noción interesante para reconciliar a alguien que parecía tan invencible. Sí, un día, estaba motivada y dispuesta a enfrentarse al mundo, y la semana siguiente se sintió abrumada por las consecuencias de la bebida de mi padre y nuestras presiones financieras. De nuevo, su fe la guió. Se sentía cerca de Dios y rezaba con frecuencia durante tiempos difíciles. Ella diría, *somos una familia pequeña, y no tiene sentido estar separados. Debemos estar unidos. Un día, todos estaremos juntos de nuevo,* es decir, mis dos hermanos, mi papá y nosotras dos. Su sueño, en parte, se realizó porque mis hermanos y yo estamos ahora muy cerca. Nuestros lazos crecieron hoy a partir del amor y la importancia de la familia que ella nos mostró.

En el silencio de los temores de mi madre, mi fuerza se levantó y abrazó a la mujer que idolatraba. Ella es la mayor influencia en hacerme querer asumir nuevos retos. Mientras otras

CAPÍTULO 2: FRAGMENTOS DE VIDRIO

chicas de mi edad se preocupaban por su apariencia o un novio, yo sentía un deseo extraño y ardiente de cambiar el mundo sola.

Eso no quiere decir que yo siempre fui modesta. Siendo la única niña y la más pequeña, a veces llegué a pensar que era la persona más importante del mundo. Yo era la mejor estudiante de mi clase en cada escuela que asistí y gané muchas carreras corriendo en la escuela. Disfruté del foco de atención. Pero los niños prosperan en el egocentrismo; su inocencia ofrece una visión estrecha que es completamente perdonada en el desarrollo de su autoestima. Cuando los adultos poseen el mismo rasgo, no son tan fácilmente perdonados. Al final, descubrí a medida que crecía que es mucho mejor enfocarse en otros que en uno mismo. Compartir una palabra amable de aliento y escuchar verdaderamente cuando las personas comparten sus historias ofrece grandes recompensas.

Mirando hacia atrás en mi juventud, me doy cuenta de que el secreto de lo que uno se convertirá se revela a menudo durante nuestros primeros años. Yo siempre estaba promoviendo espectáculos de talento y concursos de presentadores. Parecía como si centenares de niños - probablemente es más como docenas- estuvieran en mi casa. Hice carteles publicitando todo tipo de eventos; Reuní a otros para hacer las cosas. Anhelaba llevar trajes todos los días. Quería contestar el teléfono y ser la voz que conectaba a las personas con las oportunidades.

La verdad es que los niños hacen las cosas que aman, por lo que no limpian sus habitaciones, no limpian el polvo, no pasan la aspiradora o lavan la ropa. Los niños saben algo que los adultos dejan atrás. Tienen sin vacilación actividades que alimentan sus almas, les dan alegría y acentúan sus talentos dados por Dios. Sin intentarlo, son sabios. La sabiduría es algo gracioso. Si bien esta virtud puede estar basada en el conocimiento, a veces la persona más inteligente de la habitación puede tomar decisiones imprudentes. ¿Por qué? Porque no pueden ver el cuadro grande y las personas preciosas que están en él. O dejan de evaluar quiénes son y se quedan atrapados en dificultades momentáneas. Todos esos libros, todas esas experiencias, crearon en mí una sabiduría tan vibrante que formó mi visión -un sueño, en realidad- que creció en ritmo con los días. Recuerdo haber pensado que estaba en una pequeña ciudad, pero no me iba a quedar allí; iba a salir un día y hacer cosas asombrosas.

Tenía catorce años cuando mi oportunidad vino, puramente por casualidad...

Factor del higo: Sabiduría

La sabiduría es una palabra que merece una segunda mirada. Por definición, se compone de tres partes: conocimiento, perspicacia, y. . . juicio. La sabiduría, entonces, es el uso juicioso de las lecciones que aprendemos. Cada día se nos da una hoja de papel en la que podemos reescribir nuestra historia con la sabiduría que recogemos a través de nuestras experiencias y relaciones, nuestros fracasos y éxitos. Por lo tanto, tome su pedazo de papel y corra con él.

Peldaños del Factor del Higo...

1. ¿Cuales tres libros te han influenciado? ¿De qué manera?
2. ¿Cómo definirías la palabra sabiduría, y cómo aplicas esto en tu vida?
3. ¿Cuáles son los tres valores (es decir, coraje, sabiduría, integridad, etc.) que son más importantes para usted?
4. ¿Cómo traes esos valores a la vida?
5. ¿Qué actividades le gustaban cuando era un niño? ¿Siguen siendo parte de su vida? Si no, ¿cómo puedes volver a conectarse con ellas?

SEGUNDA PARTE:
*Con el crecimiento,
surge una planta*

FUEGO, FUEGO!

*"Puedes tener todo que quieras en la vida, si solo quieres ayudar
A otras personas a obtener lo que quieren "*

— Zig Ziglar

Un recuerdo de Malpaso en particular siempre será de color negro. No el del terciopelo, el suntuoso negro de la noche o el negro fuerte y reafirmante del hierro, sino el negro dejado por un resplandor que casi consumía nuestra casa -y, junto con eso, un puñado de mi inocencia.

Un grupo de personas se mueven en una niebla lenta y rítmica de la memoria: los viejos envueltos en piel arrugada y bebiendo naranja Fanta, viudas vestidas para siempre ahora en el color de la muerte, hombres jóvenes mostrando su bravuconería en camisas blancas y pantalones vaqueros apretados, niños jugando...

Yo era uno de esos niños, apenas diez años, el día en que mi mundo cambió. *Tocada eres él. Piedra, papel, tijeras. Patear la pelota hacia mí, estoy abierta.* Una veintena de nosotros jugabamos en la plaza esa calurosa tarde de junio. Mi mamá estaba vendiendo tacos en un pequeño puesto de ventas en las cercanías.

De repente, el humo sobrevino el aire desde lejos. Voltearon voces hacia mí, procedentes de caras borrosas, como la gente que encontramos entre el sueño y la vigilia.

Sin embargo, la escena no era un sueño. *Fuego, fuego! Tu casa.*

Allí, en el punto más alto de Malpaso, estaba mi casa, envuelta en llamas. No por casualidad ni por una vela olvidada. En cambio, era un fuego alimentado por la envidia.

Como vi en la escuela poco después de que llegamos por primera vez a Malpaso, muchas de las personas de mentalidad diminuta en esa pequeña ciudad pensaban que éramos ricos.

La familia Camacho, son de la gran ciudad. Gran cosa. Son diferentes. La madre se viste como si fuera una princesa. La niña, lee. Libros por toda la casa. Ninguna chica es lo suficientemente buena para esos chicos.

En verdad, éramos una familia de clase media ganándonos la vida. Y mientras mi abuela provenía de Malpaso y criaba a sus hijos allí, mi papá se vio obligado a mudarse a la gran ciudad. Para los lugareños, éramos traidores de alguna forma, nuestras raíces tentativas, y que era un punto de discordia con muchos de ellos. El sello que nos pusieron inspiraba un acto de traición.

Mamá tomó mi mano mientras caminábamos hacia la casa, y llorábamos incrédulas todo el camino. El olor a humo, a diferencia de cualquier cosa que había experimentado alguna vez, ganó fuerza a cada paso. Caminamos rápidamente. La gente se acercó a nosotros, ofreciendo sus condolencias y gestos de ayuda.

CAPÍTULO 3: FUEGO, FUEGO!

¿Qué necesitamos? ¿Tendríamos una casa? ¿Habría desaparecido todo? Fuimos el centro de atención, pero no de la manera que se había esperado.

Mientras mirabamos, nuestros rostros se ruborizaron por el calor de las llamas y nuestros corazones se llenaron de miedo, nos abrazamos la una a la otra. Nuestra casa de ladrillo se paró frente a nosotros como un horno gigante, su contenido ardiendo sin piedad en su interior: juguetes, muebles, libros y decoración de cristal que nunca volveríamos a tocar. Platos, juegos, sofás, ropa, joyas, las cosas por las que habíamos trabajado y amado habían desaparecido. Salvador había ahorrado y trabajado durante un año para comprar un conjunto de altavoces que ahora se encontraban en un montón de cenizas. Habíamos ahorrado nuestro dinero que nunca se volvería a usar para comprar la hermoso enciclopedia. El autor Salman Rushdie dijo una vez que la historia que terminas nunca es la que comienzas. El fuego, tan horrible como fue, me introdujo a la compasión, la comunidad y la gratitud. Mi historia había tomado un giro decididamente nuevo que sentó una base de positividad frente a la adversidad para el resto de mi vida. La gente de la ciudad, a pesar de sus diferencias con nuestra familia, salía corriendo de sus casas con cubos de agua en la mano. Pequeñas ciudades en México no tenían estaciones de bomberos, y Malpaso no fue la excepción. Mi familia estaba de pie ante las llamas viendo docenas de personas tratando desesperadamente de ayudar. María, la propietaria de una pequeña tienda de comestibles al otro lado de la calle, pasó baldes. Josefina, la vecina entrometida que vivía directamente enfrente de nuestra casa, trajo agua de su casa. El sheriff de la ciudad prendía y apagaba el agua. Los viejos con el pelo blanco como la nieve, los niños descalzos y la gente bien vestida del trabajo vinieron a nuestro rescate. Dejaron lo que estaban haciendo para ayudarnos sin pregunta o recompensa. Su empatía me reconfortaba de alguna manera, sólo sabiendo que compartíamos nuestra tristeza con los demás hizo que la tristeza fuera un poco más soportable.

Las horas pasaban como años; las llamas lentamente retrocedieron y una dura realidad tomó su lugar. Caminamos cuidadosamente dentro de la casa. En medio de la desesperación, estábamos agradecidos de que nadie fuera herido. Queríamos estar allí rodeado por los restos mientras deseábamos que estuviésemos a miles de kilómetros de distancia. Tropecé sobre escombros. ¿Era la almohada de ganchillo que mi abuela me hizo? *Abuela, ¿por qué nos ha pasado esto?* Mis pequeñas manos se acercaron para recoger mi muñeca favorita. Era la que Claudia, mi mejor amiga, me había regalado la noche anterior a la salida de México. La figura se desintegró bajo mi toque, la cadena de plástico todavía caliente al tacto. Todo se había ido.

Mi habitación, mi casa, la mesa en la que cenamos, la silla en la que mi padre se sentaba, la ropa bonita que llevaba mi madre, mis libros escolares, la ventana a la que miraba cuando hablaba con las estrellas, mi hogar. Mi madre estaba devastada, pero dijo algo que nunca olvidaré: *estamos bien*. Pienso en esto ahora, y la imagen que aparece en mi mente es la de un árbol. Los árboles crecen más rápido y más fuerte durante una tormenta, sus raíces agarrándose profundamente en la tierra con cada tirón del viento. Luchan por quedarse, y es entonces cuando sus raíces crecen más, más profundo, más grandes. El fuego hizo que mis raíces crecieran esa noche y todos los días tristes que siguieron. Y las palabras de mi madre me hicieron comprender esto: *Todo saldrá bien. Empecé a creer.*

Sin embargo, aquella noche se produjo un momento más conmovedor que cuando descubrí que casi todos mis libros me habían dejado. Sus cenizas cayeron como arena de mis dedos. Más tarde nos enteramos de que el fuego debía de haber comenzado cerca de mis amados libros, alineados como soldados sobre lo que era la parte más importante de la casa: un estante de libros de diez pies de largo y ocho de alto directamente debajo de la abertura vacía al piso superior dejada sin terminar por mi padre. Mientras me agachaba y tocaba esas páginas arruinadas, decidí que el conocimiento era algo que nadie podía quitarme. Leí esos libros; estarían dentro de mí por el resto de mi vida. Ningún fuego o persona podría robar mi conocimiento interior. Ahora, dependía de mí aplicar esos principios y usarlos para ayudar a otros y lograr mis sueños.

Durante los siguientes dos meses, vivimos en una casa adyacente, una estructura de una habitación que había pertenecido a mi tío antes de su muerte. Era pequeño, frío y feo. Vivimos allí con poca privacidad o alegría. Pero me hizo mas agradecida por nuestro verdadero hogar y fue un recordatorio constante de lo que habíamos perdido. Durante mucho tiempo, pesadillas plagaron mis sueños. A veces soñaba que estaba en el fuego sin salida. Podía ver a toda la gente que amaba en el otro lado, pero no había manera de alcanzarlos. Las llamas nos separaban, llamas que nunca parecían desaparecer, pero permanecían amarillentas y aterradoras hasta que desperté ante el alivio de que no había fuego y yo, como mi madre había dicho, estaría bien.

Meses después, todavía encontraba cenizas en mi uniforme escolar.

Cada vez que lavaba mi cabello, restos de cenizas negras caían sobre mí. No sé de dónde venían, pero era un recordatorio constante de lo que pasó. Los estudiantes de la escuela católica a la que asistí señalaban y se burlaban de mí. Yo estaba en clase un día usando mi uniforme azul a cuadros, y miré hacia abajo de mi falda y lo vi manchado con marcas negras. Me preguntaba si el fuego jamás terminaría o si tendría que soportar las marcas de las cenizas el resto de mi vida. Las lágrimas fluían, y me di cuenta de que tendría que elegir seguir adelante, con o sin esas marcas negras.

Lo último que recuerdo sobre el fuego resuena conmigo incluso ahora. Nunca quisimos saber quién lo hizo. Mi padre decidió no saberlo. *Ponerle una cara a esta devastación, Jackie, sería más desgarrador que el propio fuego.*

En la más pequeña de las decisiones viene la mayor de las lecciones. Lo que mi padre estaba tratando de hacer era centrarse en lo bueno. El bien de la gente que nos ayudó esa noche fatídica. El bien de que nadie fuera lastimado. El bien del triunfo de nuestra familia sobre la tragedia.

Gracias, papá. Encontrar lo bueno en otros fue la gran lección que mi padre me dio, lo que lo hace aún más preciso. Me acerque con esto en los próximos días como me enfrenté a un nuevo país con un idioma que no entendía, un ritmo que a menudo me dejó frustrada, y una cultura juvenil ajena a mis sueños más salvajes.

Factor del higo: Humildad

El calor de las llamas todavía me persigue. Lloro a veces cuando pienso en esa noche. Pero la generosidad de la gente que ayudó a calentar mi corazón y extingue la pérdida. Retroceder y tomar el amor y el cuidado de otras personas es una sensación humilde. La gente suele confundir la humildad con la debilidad. Es todo lo contrario. Las personas fuertes aceptan la ayuda de los demás y reconocen el espíritu humano por lo que realmente es: las formas de compartir del corazón .

Peldaños del Factor del Higo...

1. Considere un momento en que alguien le llevó de la

decepción a la gratitud. ¿Cómo cambió esa persona su perspectiva?
2. Elija un artículo de un periódico o revista que destaque una crisis. Ahora... encontrar el bien en la historia.
3. ¿Qué cosas pequeñas puedes hacer para marcar la diferencia en la vida de alguien más hoy? ¿Este mes? ¿Este año?
4. ¿Es difícil o fácil para usted aceptar la ayuda de otros? ¿Por qué?

4

NUEVO PAÍS, NUEVA VIDA

"Lo que tu mente pueda concebir, puedes lograrlo."

— Napoleon Hill

En mis sueños, me sentía corriendo rápidamente. Sin embargo, a pesar de mi insistencia hacia adelante, mi postura se mantuvo enraizada en un solo lugar con las escenas de mi vida pasando delante de mí como recuadros irregulares, inmóviles como una vieja película en blanco y negro. Vi las calles de México con libros apilados en el cielo y las casas de piedra de Malpaso que se cierne sobre las llamas y las olas de humo. *Corre más fuerte, Jackie, corre más rápido, el tiempo roba días que más tarde se convierten en años.* Los chicos de mi ciudad se quedaron en silencio en campos verdes y amarillos con manchas de tierra parda, sus posturas misteriosamente como estatuas cuando me miraban hacia cosas que no estaban allí. *Mira hacia adelante, mira tu destino, descubre tu andar.*

Desperté de esos sueños una niña de catorce años con los brazos envueltos alrededor de unas suaves sábanas blancas y una colcha rosa. Sabía que esos sueños revelaban un anhelo de algo más de lo que tenía. El viaje de mi vida, un enredo del triunfo sobre la decepción, había nutrido un deseo de dejar Malpaso y explorar nuevas posibilidades. Anhelé realizar la última escena en mi sueño: mi destino.

Como un adolescente, me seguí superando académicamente. Sin embargo, me sentía insatisfecha. La audiencia que había asistido a los espectáculos de talento y los desfiles de mis días de niñez con cola de caballo se había ido. Mis esfuerzos hacia la excelencia permanecieron desapercibidos para mis compañeros de clase, maestros y la cultura en la que yo vivía. Años después de trasladarme a los Estados Unidos, asistí a una recepción de arte y vi una pieza que capturó maravillosamente mis sentimientos mientras vivía en Malpaso. La pintura, titulada *Lucha por la Libertad*, fue creada por un joven artista llamado Juan Sepúlveda. Me recordó el mayor desafío de México: la poca mentalidad y la naturaleza competitiva de su gente. El pintor, nacido y criado en México, representó al país a través de un antiguo ejército mexicano que llevaba los colores ricos y los lemas conmovedores de nuestros partidos políticos, incluyendo una pierna consumida por las tarántulas. Las arañas peligrosas y prolíficas, que son consideradas el azote de nuestro país, representaban las facciones beligerantes que el artista creía que mantenían a nuestra hermosa nación de regreso del progreso real. A nivel nacional, ha habido pocos casos en que nuestra gente trabajó juntos hacia el mismo objetivo. En cambio, cada hombre se ha defendido por sí solo a sí mismo.

Así me sentía en Malpaso. Muchos de nuestra ciudad se aprovecharon de las debilidades de otros, preocupados sólo por sus propias vidas.

La gente parecía ignorar lo bueno de sus vecinos. Cuando llegó el momento de reconocer los logros de otros, sus lenguas permanecieron en silencio. Un día en particular, corrí a la casa de mi abuela paterna, tan emocionada de mostrarle mi boleta de calificaciones. Mi alegría se derritió bajo su voz fría, sus labios fruncidos y su actitud de "¿Y qué?" Recogí los trozos de mi orgullo, volví a poner cuidadosamente mi boleta en su sobre y caminaba lentamente a casa. Durante mucho tiempo después, sin embargo, conecté automáticamente la experiencia de nunca ser lo suficientemente bueno sin intentar recorrer una milla extra. La tinta de la memoria se desvanece lentamente en una mente joven. Corre, Jackie, ve el mundo de las posibilidades, la voz de mis sueños me susurró. Corre ... ¿dónde? La vida salió fuera de control financieramente, ya que el abandono de mi padre nos dejó dependiendo de nuestra propia capacidad y del apoyo de mis hermanos. La salida de Efraín y Salvador continuó dejándome fracturada. Mi corazón se sentía magullado por los pedazos rotos de nuestra familia esparcidos a través de lugares lejanos. Las llamadas telefónicas eran demasiado costosas para que pudiéramos llamar desde México, así que cada mes esperaba ansiosamente oír el teléfono sonar, y oir sus voces en el otro extremo. Vivían en un mundo remoto que apenas podía imaginar: un apartamento compartido con varios amigos, donde tenían camas cómodas y un montón de comida para comer. La calidez de su amor contrastaba con la soledad que brotaba en mi interior al despedirnos al final de esas llamadas. Pero, mientras cientos de millas nos separaban, me enseñaron algo que nunca olvidaré. Dijeron Jackie, *la productividad es igual al tiempo, y el tiempo equivale al dinero.*

La semana de trabajo de Efraín, de sesenta horas, consistía en dos trabajos en restaurantes, y Salvador, también, trabajaba en un restaurante, pasando eventualmente a un concesionario de autos. Mis hermanos nos enviaban dinero regularmente, pero el apoyo financiero no compensó el vacío emocional de vuestras ausencias. Mi madre sintió las fracturas más profundamente. Recordaba a los muchachitos de rostro manchado de suciedad y una manta de ropa en el suelo de sus dormitorios, lo que ella hubiera dado por despeinar sus cabellos o preparar sus almuerzos nuevamente. Las fotos de mis hermanos, un coche de carreras rojo dejado atrás, un soldado de juguete de plástico... estas cosas significaban algo para una madre que amaba a sus hijos. Necesitaba a su familia como una vez habían sido, y estaba decidida a hacer que fuera.

Mi madre empezó a hacer planes para reunirnos y mudarnos a los Estados Unidos. La inmensidad de esta decisión cayó sobre mi papá como un golpe inesperado con martillo sobre su cabeza.

CAPÍTULO 4: NUEVO PAÍS, NUEVA VIDA

Había estado en California una vez, hace años, y no le había gustado los Estados Unidos: el ritmo acelerado, la constante prisa y la presión del tiempo. Le encantaba Malpaso, esta pequeña y soñolienta ciudad rodeada de naturaleza, donde no se aceleraba el paso con un sentido de urgencia. No quería irse, pero quería alejarse aún menos de su familia.

Un día, en un raro momento en que estaba en casa, me preguntó: -¿Quieres ir a Estados Unidos, Jackie?

Lo miré seriamente. "Papá, quiero eso más que cualquier otra cosa en el mundo entero. Si me quedo aquí, me voy a casar con nuestro vecino, tener diez hijos, y eso va a ser el final de la historia. Quiero cambiar el mundo, pero necesito una plataforma; Necesito personas que aprecien el progreso y un nuevo entorno para explorar las posibilidades".

Él me confió años más tarde que nuestra conversación fue un factor decisivo en su elección de venir a los Estados Unidos. Vio la esperanza en mis ojos, la sinceridad de mi espíritu, y el deseo de cumplir una vocación inalcanzable si me hubiera quedado en Malpaso.

La misma esperanza inocente y cruda que él vio en el fondo de mis ojos no es diferente a la esperanza que veo en los ojos de la gente hoy. Personas de todos los ámbitos de la vida buscan, esperan y sueñan: graduados universitarios, individuos que se reinventan a mediados de la vida, mujeres que buscan su nuevo papel dentro de las familias trabajadoras, empresarios en el camino del éxito y quienes luchan por hacer nóminas. Mi papá vio esto, mi madre lo honró, y, de repente estábamos conduciendo hacia el noroeste hacia un estado con geografía de montañas. Conté las horas en una hoja de papel sólo para hacer pasar el tiempo más rápido hasta que finalmente el paisaje cambió. Los bosques jugaban a la rayuela con las ciudades, y todo olía limpio. También vi algo que había leído pero nunca visto: montañas cubiertas de nieve. Incluso desde la distancia, eran magníficos. En menos de una semana, habíamos llegado a Colorado, donde vivía uno de mis tíos. Era 1997, y los Estados Unidos acababan de celebrar su cumpleaños. Efraín viajó desde Chicago para reunirse con nosotros. Todavía lo veo en el ojo de mi mente: su tez era más blanca por la falta de luz solar que estamos expuestos todo el tiempo en México, y el caminó con confianza, con la cabeza en alto, los hombros hacia atrás. Mi hermano se veia. . . importante, como si hubiera estado en un lugar especial y hecho cosas significantess. Efraín había recorrido su camino en el mundo por su cuenta. La reunión se desbordó de amor. Sólo pensar en la emoción de aquel día me hace poner la piel de gallina. Mi hermano, el que siempre me había protegido cuando era niña, volvió a ayudarnos. Me dio un buen y largo abrazo, rodeándome con el sólido calor de sus brazos. Yo estaba en casa.

* * *

CAPÍTULO 4: NUEVO PAÍS, NUEVA VIDA

Durante los primeros siete meses, todos vivíamos en un apartamento de un dormitorio en Hoffman Estates, un pequeño suburbio al noroeste de Chicago. Fue maravilloso estar juntos de nuevo, pero nuestra nueva casa estaba apretada. Mi habitación era un vestidor, mi cama un saco de dormir gris verdoso. Era menos de lo que había tenido antes, pero era un lugar seguro donde podía enterrar mi cabeza mientras escuchaba las voces de furia de mis padres discutiendo. Mis hermanos dormían en los sofás de la sala de estar, aparentemente inconscientes de los argumentos de mis padres, o al menos eso le parecia a una pequeña que sentía todo a su alrededor. Fuera de nuestro apartamento, mi nuevo mundo sacudió mis sentidos. ¿Por qué no podíamos caminar a lugares? ¿Por qué necesitamos una tarjeta de crédito? ¿Cómo podian haber más tiendas que gente?

La alta velocidad con que la gente trabajaba y vivía en los Estados Unidos hizo girar mi cabeza. Y la cultura! La gente se vestía tan casualmente, mientras que en México, incluso con poco dinero para gastar, nos vestíamos bien cada día independientemente de nuestros planes. La gente en los Estados Unidos no parecía importarle cómo se veían diariamente, y recuerdo pensar que eso no era una cosa tan mala. Iban a lugares, viendo cosas, aprendiendo, y lo hacían sin un código de vestimenta. El ambiente me fascinaba. La gente tenía opciones y prioridades que eran tan diferentes de las nuestras; nuestra familia estaba tratando de sobrevivir. ¿Estaría alguna vez en posición de tomar decisiones? *Salir a cenar o quedarme en casa? ¿cortarme el pelo o hacerme las uñas?* La posibilidad se sentía remota cuando, al acercarse el helado invierno de Illinois, ni siquiera teníamos la ropa apropiada. A menudo llevaba las enormes chaquetas de mis hermanos sobre mis blusas y faldas de verano más ligeras para bloquear el viento cortante.

Estas realidades- encontrar ropa que nos quedara bien o poner comida sobre la mesa, no parecen existir para muchas personas. Cada vez que visitaba la casa de un amigo americano, parecía que la comida era abundante: galletas y pan en la despensa, la nevera llena de fruta y latas de sodas en un segundo refrigerador. Pensé, *¡Si sólo tuviera todas las frutas que quería!* Incluso ahora, en privado celebro la abundancia en mi cocina.

A pesar de las preocupaciones, mis bendiciones eran abundantes. Muchas personas abandonan su patria porque tienen pocas esperanzas de salir adelante. Ellos sueñan con posibilidades ilimitadas y mejores vidas para sus hijos en América. Pronto, sin embargo, la supervivencia desplaza el sueño americano. Los niños sacrifican la educación para ganar dinero para sus familias. El mismo destino me habría sucedido si no fuera por mis hermanos. A pesar de todos los problemas que Salvador me dio cuando era niño, se había convertido en un hermano cariñoso y desinteresado que, junto con Efraín, siempre sería un héroe ante mis ojos. Trabajaron para que mis padres pudieran pagar nuestros gastos sin que yo necesitara un trabajo. Debido a su devoción a nuestra familia, pude concentrarme en mis tareas escolares. Aunque yo había sido una estudiante fuerte en México, ahora enfrentaba el mayor desafío de mi vida: ser un inmigrante que no hablaba el idioma. Entré en la escuela secundaria de Schaumburg como estudiante de primer año. El cuerpo estudiantil eran en su mayoría caucásicos, haciendo más difícil tener éxito, pero también me empujaba a aprender más rápido. En mi primer día, una mujer agradable con un traje púrpura y tacones altos me informó que me iba a llevar cuatro años entender inglés completamente. Me dijo que como estudiante de primer año, estudiaría inglés como segunda lengua; como estudiante de segundo año, estaría inscrita en el nivel intermedio; como júnior, en el nivel avanzado; y, finalmente, en el ultimo año, yo sería bilingüe. *Lo siento*, pensé, *pero no*. Había pasado toda una vida esperando para recorrer estos pasillos. ¿Cómo podría esperar tres o cuatro años para ser bilingüe, compartir mis sueños, ayudar a los demás, ser normal? Las palabras estaban dentro de mí, palabras en inglés. Tuve que dejarlas salir, así que de inmediato me puse a trabajar.

Lo que comenzó como un juego rápidamente se convirtió en mi herramienta más importante para aprender inglés. Me desafié a eliminar una palabra aleatoria en un anuncio o cartelera y anotarlo en un diario especial. Si veía la palabra en múltiples signos, entonces sabía que era importante aprender. Por ejemplo, tomaría la palabra "agradable" y la escribiría diez a veinte veces. No sabía cómo decirlo, qué significaba o cómo usarlo, pero sabía que escribirlo era un paso crucial, sobre todo en inglés, un lenguaje en el que las palabras no siempre se pronuncian de la misma forma en que se escriben. Puse especial atención a las palabras que se usaban repetidamente. Los estadounidenses aman frases largas. Conjunciones como "pero," "y," y "o" pensamientos como grabados y en discursos de la gente. Los pronombres eran omnipresentes, y los artículos, aunque no eran muy interesantes, se encontraban en casi todas las oraciones. Una palabra que vi con frecuencia era "libre", un oxímoron, ya que nada parecía ser libre aquí. Cuando aprendí todo el significado de la palabra que estaba estudiando, apliqué cada definición a la señal o al cartel o al artículo de noticias para ver cuál era exacta y si la eliminación de la palabra cambiaba la esencia del significado original de la oración. ¡Mi fórmula para aprender los significados de las palabras funcionó! Así como yo devoraba rompecabezas de niño, cuanto más descubrí, más quería aprender. Recuerdo el día en que me di cuenta de que era bilingüe. Me desperté una mañana después de tener un sueño en inglés. ¡Qué diferente era este sueño de todos los que había vivido en México! Allí, me quedé quieta, viendo pasar la vida. Aquí, yo estaba volando hacia adelante con claridad viva. Y lo hacía mientras hablaba inglés.

Durante mi primer año en la Escuela Secundaria de Schaumburg, mi maestra observó mi progreso y me incluyó en un plan de estudios normal. Uno de los primeros cursos fue Estudios Americanos. En medio de una conversación en la clase un día, usé accidentalmente la palabra "bean" en lugar de "being." Yo no sabía la diferencia; Pensé que significaba lo mismo. "Bean!" Mis compañeros se rieron. -¡Escucha esto, qué beaner!

Mi cara se ruborizó; Estaba mortificada. Aunque no entendía lo que había hecho mal, sabía que se burlaban de mí. "Beaner" se convirtió en mi nuevo apodo, y los compañeros de clase me excluyeron de las actividades del grupo. La hora del almuerzo era un guantelete de risitas y susurro de comentarios mientras trataba de encontrar un lugar para sentarme. A veces, me preguntaba por qué no me había quedado en el programa de cuatro años de ESL. ¿Por qué había sido tan exigente conmigo misma, tratando de aprender el idioma tan rápido? Tal vez si me hubiera conformado con el sistema, no me sentiría como una marginada. La experiencia fue devastadora, y todo provenía de una mala palabra.

Fuera de la escuela, encontré consuelo en la señora Magdalena Morales. Nunca olvidaré su amabilidad y apoyo cuando llegamos. Un amigo de la iglesia nos presentó. La señora Morales era anciana, orgullosa y cariñosa. Ella admiraba nuestro deseo de mejorar nuestras vidas. A veces, sentía que ella me entendía de una manera que otros no. Ella vio más allá de mi angustia adolescente y me animó a tener éxito en la escuela y en la vida. Pequeños momentos se hicieron memorables con la señora Morales. No importaba lo que estuviésemos haciendo, nos deteníamos y visitábamos cuando ella pasaba. Ella preguntaba, "¿Cómo estás, Jackie? ¿Tienes todo lo que necesitas para la escuela? "Ella nos llevaba a mi mamá y a mí a la iglesia o diferentes eventos, incluso si eso significaba conducir completamente fuera de su camino y llegar tarde a su casa. Ella nos llevó a las celebraciones navideñas en posadas de tema mexicano para ayudarnos a encontrar la paz con nuestra nostalgia. Había veces que no podía entender por qué ella hacía tanto por nosotros cuando no teniamos nada que darle a cambio. A pesar de mi anhelo de salir de un lugar para otro, extrañaba la familiaridad de las cosas que me rodeaban cuando era más jóven. Incluso el sabor de la comida -la misma comida- era tan diferente. Las hamburguesas en México eran más sabrosas que las que aquí. Las recetas de mamá no sabían lo mismo, ni siquiera con los mismos ingredientes, si pudiera encontrar todos los ingredientes. A menudo, una o dos especias clave no se podía encontrar en las tiendas de comestibles, y las mismas comidas sabian desabridas y desconocidas. Vivía en mundos conflictivos: no quería volver a México, pero también me sentía como una extraña dispuesta a correr en la primera oportunidad. Necesitaba abrazar algo, pero no estaba muy segura de lo que era o cómo lo haría. Echaba de menos mi entorno familiar en Malpaso y la simplicidad de la vida allí, aunque estaba envenenado de frustraciones y envidias. Yo estaba cautivada por las posibilidades aquí en los Estados Unidos, pero todavía estaba contenida por mis diferencias.

Durante esos años de adolescencia, mi mamá y mis hermanos trataron de ayudarme a entender sus sacrificios que me permitieran quedarme en la escuela. Salvador lanzaba mi sudadera a mis pies, exasperado por mi terquedad y señalaba que todo lo que tenía que hacer era estudiar mientras el trabajaba para ayudar a pagar el alquiler. Mi mamá reprimió su frustración cuando yo tiraba las puertas y ofrecía respuestas de una palabra. Es difícil mirar fuera de ti a esa edad. Algunos veces, me sentía tan vacia y poco apreciada por el desprecio de los otros niños. No sabía quién era yo, me sentia avergonzada en la escuela, y traía mis frustraciones a casa junto con mis libros y mis deberes. No era justo para las personas que amaba, pero no tenía ni idea de cómo hacer frente a todas esas emociones...

Durante este tiempo, la paciencia y el amor de mi mamá siempre estaban ahí para mí. Una cantante asombrosa, nos deleitaba con su hermosa voz mientras hacía comida o limpiaba la casa. En momentos tranquilos entre reuniones y una vida familiar ocupada, escucho la dulce voz de mi madre y recuerdo el momento en que me vi obligada a crecer y madurar como persona y encontrar mi camino.

Por supuesto, mi madre luchó con la transición tanto como cualquiera. El primer invierno que pasamos en los Estados Unidos, mi mamá estaba junto a la ventana después de que ella llegó a casa del trabajo. Las lágrimas rodaron por sus mejillas.

Le toqué el hombro preocupada. -Mamá, ¿qué pasa? En medio de silenciosos sollozos, ella dijo: "¿Cómo podría ser esto posible? Fui a trabajar cuando estaba completamente oscuro y vine casa y está completamente oscuro ... ¿Dónde están mis días? "

¿Dónde estaban nuestros días? Todo era diferente. No era fácil encontrar alegría en un clima frío y también la situación porque no teníamos mucho dinero, pero el simple hecho de que estábamos juntos como una familia y no teníamos que experimentar el escrutinio de nuestros vecinos nos mantuvo en marcha.

Una de las mejores cosas de nuestra mudanza fue que mi papá dejó de beber. Tal vez pensó que era una manera de compensar los errores del pasado. Como adulta, reconozco su fuerte voluntad y anhelo de estar juntos; Me doy cuenta de lo difícil que debió ser la sobriedad para él. De hecho, fue el sacrificio más importante que presencié de mi padre, pero no lo comprendí completamente en aquel entonces. El alcohol era un elixir cuya llamada de sirena luchaba constantemente para resistir, y había días que temblaba incontrolablemente con el esfuerzo. A veces estallaba de frustración, rompiendo cosas insignificantes como una puerta abierta o mi mochila en el camino. Nunca tuve miedo de que nos lastimara, pero a menudo luchaba por el pánico de que no se ocuparía de nosotros. Canalicé esa energía drenándolas en la escuela.

Mientras mi clase de Estudios Americanos se preparaba para un discurso sobre la Revolución Americana, decidí que no estaba a punto de sentirme avergonzada de nuevo. Practiqué mi discurso con todos los que me escuchaban: mis hermanos, los conserjes, con mis maestros, incluso con mis osos de peluche. El día de mi discurso, me paré frente a la clase, temblando y tratando de controlar mi respiración. El fiasco del "bean" se burlaba de mí— pero yo estaba preparada.

Los reconocimientos de los discursos anteriores que había hecho en español me abrumaron de nuevo. Quería probar ese dulce reconocimiento de nuevo.

Pronuncié el discurso exactamente como lo había practicado. Hice una pausa cuando necesitaba acentuar un punto y hacer contacto visual con todos los que podía, sin tener que echar un vistazo a mis ocho páginas mecanografiadas. Yo estaba completamente y totalmente en el momento, ni siquiera darme cuenta de que estaba hablando inglés, pero disfrutando de la sensación de que estaba logrando algo importante. Cuando terminé y volví a mi asiento, me sentí viva, realizada y satisfecha.

"Excelente trabajo, Jackie," dijo mi maestra, sonriendo. Varios de mis compañeros asintieron y sonrieron, inclinándose para decirme qué partes les gustaban más. Toda la emoción que había mantenido a raya mientras me preparaba para el discurso cedió, y el alivio se apoderó de mí. Luché contra las lágrimas de felicidad. Lo había logrado, ¡lo sabía!

Efectivamente, sólo otro estudiante ganó una A, y recibí una A +. De repente, la gente me aceptó. Me invitaron a sentarme en las mesas de almuerzo de los compañeros y fui incluida en las actividades del grupo. *Dulce victoria, Jackie, lo lograste.*

Mientras que la gloria de ese día de giro era maravillosa, yo tenía mis ojos puestos en la universidad y una vida hecha en este país. Esperaba convertirme en una psicóloga con un enfoque en ayudar a personas de otras culturas-personas que aspiraban a mejorar pero no estaban familiarizados con las costumbres y tradiciones de Estados Unidos. Había aprendido, en ese punto, que se puede derrotar una y otra vez, pero eso esta bien si esto te motiva a mostrar tu verdadera belleza interna. La mala pronunciación de una palabra y luego sentir la ira de la vergüenza que ella me enseñó cuando uno se enfrenta a la adversidad, debo preguntarme, *¿Qué puedo lograr sacar de esto?*

Sí, me converti en bilingüe, de acuerdo. Yo era la única hispana entre quinientos sesenta y seis estudiantes que se graduaron con honores en la Sociedad de Honor Nacional y la Sociedad de Honor Alemana. Estudiar alemán me permitió ser aún más articulada. La gente pensaba que estaba loca para venir a este país y aprender un idioma entero como estudiante de segundo año, pero me encantó. Apliqué mi proceso probado para aprender un idioma al alemán, y me permitió ser más competente en inglés también. Una vez desenredado el alemán, se me hizo fácil aplicar las mismas técnicas que había utilizado para aprender inglés.

En cualquier idioma que yo escogiera, juré nunca renunciar, lo que resultó ser una promesa necesaria. La lucha de mi vida estaba por delante, y necesitaría la fe de mi madre, mi obstinación juvenil, y mi corazón persistente para superarlo.

Factor del higo: Persistencia

No a menudo alguien dice que el fracaso es una buena cosa. ¿Pero adivina que? Es. De hecho, el fracaso es una gran cosa si te motiva a dar una vuelta más, a perseverar más allá de lo que incluso pensaba que era posible. La persistencia, entonces, es una elección de vida que te ayudará realizar compromisos y lograr cosas increíbles. Y la persona más importante para ser responsable eres... tú.

Peldaños del Factor del Higo...

1. Cuando cierra los ojos e imagina sus sueños, ¿qué ve?
2. ¿Qué error ha cometido en su vida que resultó ser una verdadera lección de aprendizaje?
3. ¿Dónde encuentra su mayor motivación?
4. ¿Cuál es el reto más difícil que ha enfrentado, y qué característica personal te ayudó a superarlo?

PARTE TRES:
Algunos Capullos Florecen, Otros se Marchitan

ESPINAS Y ROSAS

"El diez por ciento es lo que sucede y el noventa por ciento es cómo reacciona".

— Kevin Doyle

Las esperanzas más profundas del corazón delinean nuestros días. Como un gran movimiento orquestal que cae y se eleva en ritmo y carácter tonal, la esperanza cambia a medida que cambiamos. Somos arrastrados a lo largo de la vida por crescendos rápidos seguidos por minuetos desgarradores, suaves y lentos. Y la esperanza, una hermana de nuestros sueños más profundos, se vuelve a imaginar una y otra vez.

Mi esperanza durante la secundaria fue asistir a la universidad. Después de una vida entera de lectura, supe que en la educación abría oportunidades increíbles, y estaba totalmente preparada para abrazar la mia. Entonces, tal vez cuando tenía alrededor de veintiséis o veintisiete años, pensé que iba a planear mi boda de ensueño y me establecería.

El destino intervino.

Papá se preparaba para un viaje de un mes a México. Durante semanas, llenó artículos inusuales para un viaje tan corto: una bicicleta, herramientas, fotos, ropa para todas las estaciones. Mientras tanto, nuestra rutina diaria continuaba: papá tapizaba los muebles, las manos estaban toscas por el golpeteo en las cabezas de los clavos, mientras mi mamá escribía poesía, limpiaba la casa y nos hacía comidas que se iban haciendo más tranquilos y silenciosos previos días al viaje de papá. Mi propia rutina estaba bordeada de perplejidad.

"¿Por qué llevas estas cosas a México?" Le preguntamos. Nos dijo que iban a tener un buen precio alla y que siempre podía volver a comprarlas aquí.

El día de su partida, una camioneta pick-up amarilla estaba casi repleta de pertenencias que ni siquiera sabía que poseíamos. Papá me abrazó y me dio un beso de despedida. Regresaré. Lo haré. Pero todas aquellas cosas que estaba llevando consigo... el largo y duro abrazo que me dio, el dinero que me puso en la mano, y luego sus palabras, pronunciadas en voz grave, atadas con firmeza arenosa: cuida a tu madre, Jackie, y cuída de ti. Eres una buena muchacha, una chica inteligente. "Sus ojos nunca se encontraron con los míos ese día.

El escape del camión se arremolinaba en el aire empapado de sol. Una sensación de pérdida envolvió tanto a mi como a mi mamá y yo vi el camión amarillo cada vez más pequeño.

Pasó un mes. Dos meses y luego tres. El interminable tañido

del teléfono cuando tratamos de llamarlo se hizo tan esperado que creo que si alguien hubiera respondido, nos habría sorprendido a colgar. Finalmente, un día, él respondió. La conversación de mamá con él sólo duró uno o dos minutos, y se limpio las lágrimas de sus mejillas bonitas. El tañido del teléfono se entrelazó con sus sollozos. "Nos ha pedido que no lo llamemos más," dijo ella, su voz aturdida mientras miraba el teléfono. Tu papá no regresará.

Tu padre no volverá. TU PAPÁ NO REGRESARÁ. Las palabras resonaron en mis oídos, y las imágenes de él que salían de nuestra casa en Malpaso me inundaron la mente: la parte de atrás de su camiseta negra y pantalones vaqueros se alejaba, una botella en la mano, un golpe en la puerta del coche, el motor, el coche cada vez más pequeño. Lo había visto cien veces, pero un pánico se apoderó de mí cuando me di cuenta de que había sido testigo de su último paseo... lejos de mí. A esto se sumaba la realización de que había planeado esta partida durante mucho tiempo. Me dolía el corazón al pensar en cada vez que lo miraba y él lo sabía. Cuando desayunábamos los domingos por la mañana, ¿no te preguntaste cómo sería la vida sin mí en la mesa de la cocina? *Cuando llegara a casa de la escuela y compartiría mi día contigo, ¿no pensabas en los días venideros cuando no escucharas mi voz?*

Incluso los más resistentes de nosotros, a veces, nos encontrabamos quebrantados. Yo tenía un montón de sentimientos encontrados y me dolía el corazón, las lágrimas que quería arrojar el día que él se fue salieron. La tenue luz de la cocina resplandecía fríamente mientras mi madre se sentaba a la mesa. Sin aliento, la abracé fuertemente.

"No sé cómo, pero todo saldrá bien", le dije, llorando. "No te preocupes, yo te cuidaré", mentí sin vacilar. Hice las matemáticas y supe que no teníamos el dinero para continuar por mucho más tiempo. Mis consuelos eran declaraciones amplias de bravuconería, pero no me importaba. Lo resolvería.

La oscuridad de la noche se deslizó hacia adentro, y el final del día simbolizó el cierre de un camino largo y rocoso con mi padre.

* * *

A medida que pasaban los días y las semanas, lo peor de las secuelas no era la falta de dinero o incluso la ausencia de papá. Fue la áspera y pesada culpa que acumularon sobre mis hombros. ¿qué había hecho mal? ¿qué podría haber hecho para evitar esto? ¿y si no le hubiera dicho que quería venir aquí? ¿qué pasaría si nos hubiéramos quedado en México?

Sí, había dejado de beber cuando llegó a los Estados Unidos. Mi madre nunca sintió el golpe caliente de su mano como lo hizo a veces en méxico. Estábamos juntos, finalmente, juntos, como una familia aquí en este país. Pero cuando mamá compartió las palabras de papá ese día, me di cuenta de que nunca había acogido su nueva vida. Había escuchado sus argumentos sobre el dinero y la falta de tiempo que pasaban juntos. Había visto cómo la infelicidad de papá crecía a lo largo de los años. Había sentido la humedad de las lágrimas de mi madre mientras las limpiaba, pero nunca imaginé que se marcharía de verdad. Siempre he creído ferozmente en la lealtad del amor: el amor se inclina a sacrificar. El amor perdura. El amor triunfa sobre las debilidades, los errores y los anhelos egoístas. El amor nos mantiene sobre la tierra. Entonces, ¿por qué no eramos una razón suficiente para quedarse?

Cuando miro hacia atrás, creo que papá nunca dejó México en primer lugar. Diría: "Mira, estás gastando diez dólares por esto, que es ciento veinte pesos. Tenga cuidado de cómo gasta su dinero-podría ser mucho más si estuviera viviendo en México". Todas las referencias fueron a México, México, México. Mi mamá dijo: "Pero no estamos en México, estamos aquí. Vive el momento, Jesús.

Pero no podía.

En un mundo perfecto, una familia sería el sustento que un padre necesita. Sabía que el llevaba una carga adicional -la falta de apoyo de su propio padre- toda su vida, pero eso no alivió mi propio dolor cuando me di cuenta de que él sabía, mientras planeaba su viaje, que nunca volvería. ¿Había visto vacilación en sus ojos, un esbozo de arrepentimiento, el día que se fue? Lo busqué en mi memoria. Lo esperaba.

Al final, acepté la partida de papá como un desafío, pero no con el brillo y la inocencia que tenía al triunfar sobre mi trabajo escolar. Me repuse de la perdida pero con un hilo de derrota por primera vez en mi vida. Yo era la hija de mi padre y en eso el siempre persiguió el éxito, pero yo había aprendido una dura lección de él: el compromiso de éxito o de un sueño debe trabajar en torno a la gente que amas, no al revés. Mi padre y yo diferíamos en este punto. Archivé este conocimiento y prometi romper el ciclo cuando algún día tuviera hijos. Tendrían una madre y un padre para cuidarlos. De eso, estaba segura.

Mientras tanto, mis planes para la universidad, junto con el resto de nuestras vidas, fueron descarrilados. No ser bilingüe hizo difícil para mi mamá encontrar un buen trabajo. Mis hermanos estaban casados y vivían a una hora con sus propias familias. Ahora necesitaba ser \yo la única proveedora de nuestra casa. Mi mundo rosado había terminado, y me di cuenta de que no podríamos sobrevivir o necesitaríamos depender de mis hermanos, lo cual parecía una cosa imposible de pedirles en ese momento. Así que tomé un trabajo a tiempo completo con una importante cadena hotelera.

Mi madre se mantuvo firme en su fe. Sin embargo estaba muy triste, todo el tiempo. Por supuesto, ella y mi papá habían luchado, pero nunca esperaba que su matrimonio -un pacto del tipo más sagrado a los ojos de Dios y el de ella- terminara de una manera tan fría y abrupta. Las ojeras bajo sus ojos marcaban las noches en que meditaba los días que precedían a la partida de papá. Se preguntó por qué no había visto las pistas ni había leído su mente. Lo más devastador para ella, sin embargo, fue que ella sabía que mis sueños de educación estaban en suspenso. Para ella, el dolor de mi sacrificio llegó en segundo lugar sólo al recordar la palabra que mi papá utilizó ese día cuando ella llamó y él finalmente contestó.

Él le pidió que no "moleste" más.

En los talones de un hombre que abandonó mi vida, otro apareció inesperadamente. Juan Pablo Ruiz era amigo de mis hermanos y primos, un extra en las fiestas, un chico que amaba la música, el fútbol y dibujaba fotos divertidas. Su sonrisa era dulce, su timidez entrañable. Nos conocimos durante mis años de adolescencia. Entonces, a insistencia de mi primo, Juan Pablo me pidió una cita.

El golpeteo, rítmico de la canción Cher "Believe" salió de mi boom box cuando me vestía para salir en la noche. Chaqueta de cuero blanca con cuello de zorro alrededor y en los puños: chequeado. Jeans y botas: chequeado. Cabello levemente desordenado de una manera de una página de la revista: chequeado. Mi madre sonrió. A ella le gustaba verme feliz, y me encantaba vestirme. Esa noche, sin embargo, se sintió diferente. Después de años de jugar a las cartas, pasar el rato y lanzar una pelota de voleibol el uno al otro (casi le quité la cabeza un par de veces con una punta media), Juan Pablo y yo estábamos a punto de jugar como adultos y salir de las diversiones que habíamos ocultado por años.

No había sido fácil para él conseguir una noche libre en el club de campo privado donde trabajaba, pero después de dos semanas de convencimiento, finalmente había encontrado a alguien para cubrir su turno.

Nos sentamos en una pequeña mesa con servilletas de tela blanca en el restaurante de Mario. Una pequeña vela entre nosotros iluminó sus oscuros ojos. La música de Navidad sonaba en nuestros oídos mientras sonreíamos incrédulos: después de años de silenciosa admiración, estábamos allí. Aún así, no estaba segura ... ¿era una cita o simplemente una salida amistosa? No quería hacer ninguna suposición.

Entonces comenzamos a hablar, y él comenzó donde comienzan todas las cosas buenas, con honestidad. Recuerdo la primera vez que te vi. Fue en un restaurante ", se atrevió a decir sonriendo."Recuerdo cada vez después, también. . . hasta que, por fin, tuve el valor de preguntarle a tu primo Fernando. "Oh, realmente?"

Le coquetié, riendo. "¿Qué preguntaste?" Me miró con súbita seriedad, con la ceja fruncida, la mandíbula puesta. Le pedí su bendición. Le pregunté si pensaba que tenía una oportunidad. Él apartó la vista por un momento, como si se recordara a sí mismo que estaba ahora más allá del punto de retroceder. Las manos de Juan Pablo se extendieron sobre la mesita y se inclinó ligeramente hacia adelante. Me animó. Me dijo con quién estaba saliendo y qué el era una broma. Le gustaba que yo viniera de una buena

CAPÍTULO 5: ESPINAS Y ROSAS

familia y me dijo que yo debía conocerte porque. . -Vaciló y dejó que las últimas palabras salieran como un niño soltando el aire después de contener la respiración durante un largo rato-, seríamos buenos el uno para el otro.

Me senté hacia atrás mientras mi corazón se lavaba sobre una costa nueva y vívida. De repente, no me sentí tan sola. Me sentí un poco libre, ligera, agradecida. ¿Podría ser este el hombre con quien pasaría el resto de mi vida? Nunca pensé que me sentiría así a esta edad, pero fue rápida y real, una epifanía del corazón. Todas las pequeñas cosas que el había hecho a lo largo de los años brillaron ante mí: retirar una silla para que me sentase o abrir una puerta o preguntarme cómo me sentia en un día normal. Habíamos navegado a través de un campo magnético durante años con miradas robadas y bromas nerviosas. Ahora, me sentí como una ganadora de la lotería a largo plazo cuando el premio lo acababan de revelar. Me estaba enamorando.

Se produjo una inundación de conversación. Tropezamos con nuestras palabras, y cuando pensamos que no podría haber nada que hablar, un tren de carga de nuevos temas se aceleró. Descubrimos que vinimos a los Estados Unidos el mismo año, de la misma área de México. El sacerdote de su iglesia era el sacerdote visitante en la mía. Juan Pablo nació en Teocaltiche, Jalisco, una ciudad a sólo cuarenta minutos de mi pequeña ciudad de Malpaso. Sin embargo, si nos hubiéramos quedado en México, nunca nos habríamos conocido. No habría habido razón para bordear la montaña que separaba nuestras ciudades. Nuestros caminos nunca se habrían cruzado.

Dos semanas más tarde, Juan Pablo me hizo una pregunta que me di cuenta más tarde fue una prueba de fuego para nuestra relación.

"¿Qué le diré a tu primo que somos?", Preguntó.

-Díles que soy tu novia -respondí. Por primera vez, Juan Pablo Ruiz llevó a una chica a su casa para conocer a su familia. Vi generosidad en sus abrazos de bienvenida, respeto en la manera en que se hablaban, y una familia arraigada en la lealtad mientras se ayudaban y cuidaban el uno al otro.

El primer regalo de Navidad de Juan Pablo para mí simboliza el por qué capturó mi corazón. No se trataba del presente sino del espíritu con el que se le daba: me dio un ordenador portátil porque pensaba que me ayudaría con mis clases universitarias. Incluso se lo llevó a Macy's y los hizo envolver en un papel crocante, color crema y diseños en color oro, con una hermosa cinta. Desde entonces, Juan Pablo ha cumplido todos los sueños que he tenido como esposo, amigo y socio de negocios. Desde las langostas cocinadas hasta una limosina en la ciudad para comer nuestro pastel de zanahoria favorito, celebramos el aniversario de nuestra primera cita todos los meses siguientes. Luego, una noche, me llevó a cenar a un restaurante brasileño y tomó mis manos en las suyas. Desde el otro lado de la mesa, me miró profundamente a los ojos.

CAPÍTULO 5: ESPINAS Y ROSAS

"No quiero que seas más mi novia ", dijo suavemente, casi en un susurro, "porque quiero que seas mi esposa".

Con una voz gruesa, lloré : "Sí, sí, sí". No vi a la gente en el restaurante o la comida en mi plato o la temprana mañana que tenía al día siguiente. Vi mi futuro, y me habló de un hermoso viaje que compartiría con un hombre que verdaderamente amaba. El anillo que deslizó sobre mi dedo fue un símbolo de familia y fe y para siempre.

Diez meses más tarde, caminé por el pasillo llevando un vestido de raso blanco, mi cabello castaño ahora barrido con un peine de perla que mi madre me había dado. Juan Pablo y yo intercambiamos nuestros votos en una pequeña iglesia católica a unos cuantos pueblos cerca de la casa que mi mamá y yo compartimos en Elmhurst. La hermosa voz de mi madre cantó solemnemente Ave Maria en latín a cappella. Nuestros ojos se encontraron y supe que estaba cantando una verdadera oración para que tuviera la gracia de la Madre Bendita durante mi matrimonio. Su canto era el mejor regalo que ella podría haber dado a Juan Pablo y a mí. Una nueva vida había comenzado.

Una cosa divertida sobre el camino que todos caminamos es que justo cuando una persona piensa que ella tiene todo por lo que estar agradecida, ella descubre la capacidad para más.

A menudo, tal sabiduría está ligada a la angustia.

Juan Pablo y yo habíamos pasado una tarde con mis hermanos en Hoffman Estates. Ahora que todos estábamos casados, hizo que la reunión fuera aún más divertida. Me encantaba cómo Efraín me picaba con preguntas sobre mi matrimonio de cuatro meses, siempre asegurándose que yo fuera feliz, tal como lo había hecho hace años. Me senté en el asiento del pasajero con el sol de color naranja-violeta lavándose sobre mí a través del cristal, esa sensación de plenitud contenta casi me acunaba para dormir en medio de una corriente aleatoria de conversación sobre nuestro futuro. Tenía veintiún años y Juan Pablo veintitrés. Locamente enamorados, nos deleitamos en soñar sobre dónde podríamos eventualmente establecernos, cuáles serían los caminos de nuestras carreras, y cuándo tendríamos hijos. En medio de nuestra conversación, mi teléfono móvil sonó.

"Eso es extraño," dije, mirando el identificador de llamadas.

Juan Pablo me miró con curiosidad. "¿Quién es?"

"Mi médica." Había ido a un examen médico de rutina una semana antes. Su llamada fue un jueves por la noche me sorprendió, y sentí un revoloteo de nervios cuando respondí la llamada. Fue por una buena razón.

-Jackie -dijo mi médica-, necesito que me escuches. Después de revisar los resultados de sus pruebas, hemos encontrado algo. No hay forma de evitar lo que voy a decir. Tienes cáncer. Y necesitará una cirugía inmediatamente. Pasa por la oficina mañana ... "Sus palabras se desvanecieron en la noche.

Cáncer.

Los altos edificios de oficinas, los coches que pasaban y

el cielo suntuoso borroso mientras yo asimilaba sus palabras. Todo lo que vi fue la palabra "cáncer" en letras grandes y negras, cambiando para siempre mi futuro.

Había oído la noticia y la había leído en las revistas. La gente que conocía hablaba de ello, pero nunca lo había asociado con mi cuerpo. Diagnósticamente, dijo mi médica, fue cervical pre-cáncer de nivel cuatro.

"¿La gente muere de esto?" Pregunté.

Mi médica suspiró. No quiero asustarte. Sé que esto es mucho para que usted lo asimile No puedo enfatizar lo suficiente de cómo la cirugía es algo que tenemos que hacer de inmediato. Eso es lo que estoy tratando de hacerle entender.

Pero no quería oír eso. Quería oír que esto no era serio y que todo iba a estar bien, así que mordí mi pregunta como un perro pit bull, no dispuesta a sacrificar nada menos que la verdad. Me importaba lo que mi médica que no tenía cáncer tenía la intención de lograr en esta llamada telefónica. Necesitaba saber lo que significaba para mí.

"Te estoy preguntando si la gente muere de esto," repetí, mi voz mucho más fuerte de lo que sentía. A mi lado, el rostro de Juan Pablo se había puesto pálido.

Tentativamente, mi médico me contó un caso en el que una paciente, también de México, regresó a su tierra natal para estar con su familia, ignorando el tratamiento. La chica, de sólo veinticinco años, sobrevivió durante tres años antes de que el cáncer ganara. A estas alturas ya estábamos casi en casa.

"Gracias", le dije, sin saber por qué estaba agradeciendo a alguien que acaba de dar tan malas noticias. Pero yo sabía que mi médico era sólo el mensajero y uno que se preocupaba también. Tiré el teléfono a mi cartera y miré a Juan Pablo, buscando una manera de explicar lo que me parecía inexplicable. Las flechas de la realidad atravesaron la ida casual para el hogar en un día hermoso con la familia.

Fuera de nuestro apartamento, el hombre que amaba estacionó el coche. El momento se detuvo. En algún lugar a lo lejos, la gente se reía y la puerta de un cerro se cerró de golpe. Era el ruido cotidiano de la vida. Cogí la mano de Juan Pablo, y le conté lo que la doctora había dicho sobre la inminente cirugía y la historia de la chica en México. Mantuvo su mirada en nuestras manos, entrelazada entre nosotros, y luego me miró con los labios apretados, el desafío en sus ojos. -Vamos a entrar -dijo-. Subimos las escaleras hasta nuestro apartamento y nos sentamos en el sofá, dos almas envueltas en silencio.

* * *

El miedo lleva a nuestras mentes a lugares oscuros, y durante días después de la llamada, vi mi vida en términos de despedidas y los últimos momentos. Lloré por las cosas que aún no había hecho, por los niños que aún no había concebido. Quería despertar de un sueño horrible en el que la esperanza había dado paso a la incertidumbre y la desesperación. Y mientras caminaba a través de la devastación emocional, lo que sentía más era la culpa. Una vez más, la imagen que mi padre nos dejó en la superficie, y de alguna manera yo lo yuxtapuse con la noticia de mi enfermedad –sólo que esta vez, yo sería la que se estuviera yendo. Yo estaba devastada de que en mi nueva vida matrimonial y mi amoroso marido tuviera que experimentar este viaje conmigo. La carga era difícil de llevar. Imaginé la muerte y pensé en lo que significaría para mi familia si no estuviera allí. Pensé en los sueños que quedarían atrás porque no estaría viva para lograrlos. Estaba empezando mi vida en medio de una cantidad increíble de alegría y felicidad como una mujer casada, por lo tanto... ¿porqué ahora?

Con el amor de Juan Pablo y las oraciones de mi madre, lentamente entendí lo que había ante mí. Mi primer paso fue reconocer, con temor, mi propia vulnerabilidad. Luego reemplazé el dolor y la culpa con la aceptación y el objetivismo. *Si tengo que hacer esto, entonces debería prepararme para ello.* Después de sentir diferentes tipo de emociones, finalmente estaba lista para luchar en todo lo que esto significaba. Una vez que acepté la situación, estaba dispuesta a aceptar y hacer algo para cambiarlo.

La fecha fue fijada. Me estaba preparando mentalmente aprendiendo todo lo que podía sobre la cirugía, ajustando mi horario de trabajo y cuidando mi bienestar físico cuando de repente sentí un dolor terrible. La doctora dijo que no tenía nada que ver con el cáncer-cáncer en sí no duele, me dijo. Ella tenía razón; el dolor no provenía del cáncer, sino de un quiste en el área sub-uretral cerca del cuello uterino. Una vez más, dijeron que tenía que someterse a una cirugía y, no, los dos no se podían hacer al mismo tiempo, ¡dos cirugías en dos semanas!

Estaba asustada; ¿quién no lo estaria? Nunca había experimentado un procedimiento médico importante. El personal del hospital, sin embargo, era profesional y parecía preocuparse genuinamente por mí. La conversación centrada alrededor de sus familias; Traté de desencadenar conversaciones que los harían felices o reir sólo para disminuir mis propios miedos por mi bien y el de Juan Pablo.

"¿Te gusta ser enfermera?" Le pregunté a Joan, la enfermera con un lazo corto marrón. "Me encanta", dijo mientras tomaba mi pulso. " descanso de mis cuatro hijos. Mi marido me aprecia mucho más desde que he vuelto a trabajar, también.

"Me reí, encontrando que interesante es que la gente necesita alejarse algunas veces para ser entendida. Yo no sabía cómo este equipo médico asombroso manejaría el procedimiento, pero accedí a todo lo que tenían que hacer. Joan inició el IV en tan buena forma como una manicurista toma la mano de un cliente regular, amistoso y sin alboroto. Cuando comenzaron a conducirme a la sala de operaciones, mis manos estaban a mis lados, agarrando y luego soltando la suave sábana blanca; el algodón era algo tangible para agarrarse. Me despedí de Juan

CAPÍTULO 5: ESPINAS Y ROSAS

Pablo con lágrimas en los ojos. Luego, después de un minuto o dos, estaba dormida.

Me desperté en una habitación sintiéndome segura al ver un rostro familiar enmarcado por la luz del techo: una de las enfermeras que me habían ayudado antes de la cirugía parecía casi un ángel. Sus manos suaves tocaron mi brazo ligeramente mientras me preguntaba si sabía dónde estaba. Sonreí y dije: "Sí, la cirugía ha terminado." Parecía complacida de que la anestesia no había jugado con mi memoria. Juan Pablo entró y tomó mi otra mano. Por un momento, me sentí tranquila otra vez que todo iba a estar bien. Y luego me acordé de la siguiente cirugía en sólo dos semanas. Fue un momento agridulce.

Cuando regresé para la segunda cirugía, esperaba el mismo profesionalismo, el mismo personal carismático y atento, pero fue diferente. El nuevo equipo de enfermeras y el personal no eran tan atentos como los de la visita anterior habían sido, y me sentí como un número más que un paciente. Ellos se demoraron más para atenderme que la primera vez, haciendo su trabajo de una manera separada, casi mecánica. Por supuesto, mi única esperanza era que harían un buen trabajo durante mi cirugía. Y lo hicieron. El alivio se apoderó de mí cuando terminó la segunda cirugía. Nunca más daría por hecho un día normal y horrible. Ansiaba estar en casa y regresar a una rutina regular.

Mi madre y mis hermanos me apoyaron, ayudándome a sanar con su amor, y calidez familiar. Mi madre me visitaba a menudo, Efrain nos traía cenas semanales, y Salvador salpicaba mis días con llamadas llenas de bromas y humor. Sabía que estaba tratando de hacerme sonreír. Juan Pablo me daba sopa cuando me sentía débil. Me llevó a las visitas de los médicos, ocultando su preocupación por mi salud detrás de una máscara de fuerza en la que me apoyaba constantemente.

Las cicatrices dejadas por ambas cirugías corrieron mucho más profundo que cualquier herida a la carne. En una conversación final antes de salir del hospital, mi médico dijo: "Jackie, existe la posibilidad de que nunca tengas hijos debido al origen del cáncer.

Definitivamente serás de alto riesgo. Creo que usted y Juan Pablo deben considerar cuidadosamente los riesgos antes de tomar una decisión sobre tener una familia.

Las palabras pintaban fotografías en mi mente de los abortos involuntarios de mi madre. Pensé en mi madre orando en silencio en la iglesia antes de que yo naciera y me di cuenta de lo mucho que quería ser madre. Pero no era sólo sobre mi vida. También era la de Juan Pablo. El merecía ser padre tanto como yo deseaba ser madre. Tenía sólo veintiún años, ¿cómo podría simplemente aceptar lo que dijo el médico? Aunque mis propios recuerdos de mi recuperación son oscuros, mi mamá recuerda que yo era positiva, y no acepté el pronóstico. La imposibilidad de tener hijos no era una opción.

* * *

Como adulta que soy contemplo el pasado de mi vida, estoy agradecida-no por mi padre que nos dejó sino por la resolución, la fuerza, y el amor que necesitaba confrontar. Estoy agradecida, no es que mi madre y yo perdamos la estabilidad y el consuelo de la vida familiar, sino por la oportunidad de ayudarla y poner a prueba mi propio valor a lo largo del camino.

Estoy agradecida, no por tener cáncer, sino por aprender sobre mi propia vulnerabilidad y el inmenso don de estar viva. ESTOY VIVA. Me despierto y abro los ojos a la frágil naturaleza de nuestra existencia. ESTOY VIVA. Celebro la oportunidad de envolver mis brazos alrededor de mis hijos, ayudar a otros en los negocios, sonreír y dar esperanza a maula gente. ESTOY VIVA. Nuestras vidas son dones de Dios. Estoy, de hecho, viva. Y eso solo es motivo de celebración cada día.

Factor del higo: Vulnerabilidad

Cuando me enfermé, procuré fortalecer mi cuerpo corriendo. Adopté un programa de ejercicios cuidadosos para fortalecer mi sistema inmunológico. Quería que mi cuerpo fuera fuerte y apto para combatir cualquier virus que necesitara combatir. Estar cara a cara con una enfermedad que amenazaba mi vida redobló mi determinación de triunfar sobre ella. Afortunadamente, correr fue un descubrimiento increíble para mí. El viento envolvió mi cuerpo hasta sentir la presencia de Dios. El desafío de ir en contra de lo que mi cuerpo me está diciendo enves le doy lugar a depender de mi mente y corazón para moverme hacia adelante es estimulante. La gente gritando en la línea de meta, mi aliento apenas puede mantenerse al ritmo de mi corazón, cada fibra de mi ser pulsando con energía y fatiga... Anhelo esos momentos. El acto de correr es un gran símbolo para el valor de la vulnerabilidad: nos ponemos a prueba contra nuestras propias expectativas sin saber de antemano si vamos a liderar o vacilar. En nuestra vida cotidiana, nosotros nos abrimos al riesgo a cambio del auto-crecimiento, también. La autora Brené Brown define la vulnerabilidad como "el núcleo, el corazón, el centro, las experiencias significativas" en su libro Daring Greatly: Cómo el valor de ser vulnerable transforma la manera en que vivimos, el amor, los padres y el lidear. Estar abierto a las incertidumbres del amor, perdón, comprensión e incluso dolor conduce a una vida más plena, una vida memorable, una vida verdaderamente vivida.

Peldaños del Factor del Higo...

1. ¿Se acuerda de una época en la que se sintió extremadamente vulnerable? ¿Qué aprendió?
2. Si le diagnosticaron una enfermedad grave, ¿Cuál seria su mayor agradecimiento?
3. ¿Cómo ha triunfado sobre la decepción extrema?
4. ¿Dónde encuentra la fuerza interior?
5. ¿Qué cita viene a la mente que le recuerda su vulnerabilidad?

PRIMERAS FLORES DEL EMPRENDIMIENTO

Todas las respuestas están dentro de ti.

— Rhonda Byrne

No mucha gente usa la pizza como una prueba de embarazo. Sin embargo, cuando visitamos la casa de un amigo dos meses después de mi cirugía, este reinado de la comida americana alimentó una parte de mí profundamente en el interior antes de que incluso tomara un bocado. Me encanta la pizza hawaiana. La jugosa piña mezclada con la sal del jamón es exageradamente deliciosa. Pero cuando llegó la pizza, me repugnó.

-¡Apuesto a que estás embarazada! -gritó el amigo de Juan Pablos. Mi esposo y yo intercambiamos miradas estupefactas. No podía ser. ¡Ni siquiera lo intentábamos! Y además, sólo 60 días antes, mi médico había intentado convencerme de que el embarazo estaba fuera del ámbito de lo que podía esperar de mi vida. Pero entonces de nuevo. . . Me quedé mirando mi pizza. El olor del queso caliente y la piña picante se alzaron para encontrarme, casi haciéndome sentir nauseas.

Juan Pablo y yo corrímos a nuestro supermercado local, compramos una prueba, y nos apresuramos en irnos a casa para tomarlo. Imposible. Volvimos a la tienda y compramos cuatro más. Al día siguiente, llamé a mi médica y le dije: "No hay manera. Pero tomé cinco pruebas y todas muestran positivo. "

Después de una larga pausa, dijo, "Jackie, felicitaciones. Vas a ser madre. Pero escuche atentamente, el embarazo no será fácil. Tendrás que venir a verme cada semana, y te estaremos observando para asegurarnos de que el bebé esté creciendo y desarrollándose. Me sentí, demasiado abrumada de alegría e incredulidad para dejar que las palabras del doctor me perforaran.

A medida que avanzaba el tiempo, Juan Pablo y yo nos sentimos como si estuviéramos visitando al bebé semanalmente en lugar de visitar al médico. Allí estaba, esta hermosa forma creciendo en mi vientre. Día tras día, cambiaba de una pequeña sombra de frijol a un niño inconfundible. Un niño. De inspiración visual, Juan Pablo marcó los días hasta la fecha de vencimiento de nuestro bebé. Una noche, mientras estábamos abrazados, Juan Pablo dijo con una sonrisa: -¿Puedes imaginarte a nuestro bebé cuando esté con nosotros? ¿Cómo se verá? ¿Tendrá tus hermosos ojos o mis delgados dedos? Y con una mirada de juguetón, continuó. "¿Será de estatura baja como tú o guapo como yo?"

Yo respondí, dándole un golpe en el costado, "Probablemente él será como yo. Mi familia tiene genes más fuertes, creo.

CAPÍTULO 6: PRIMERAS FLORES DEL EMPRENDIMIENTO

Él dijo: "De ninguna manera, el bebé se parecerá a mí. Lo sé con seguridad. Será alto y fuerte.

Contestando alegremente, respondí: "Mientras el bebé esté sano, no me importa cómo se vea".

Leonardo Ruiz gritó su camino en el mundo durante la madrugada del 29 de junio de 2006. Fue un magnífico día de verano, y me quedé allí completamente abatida. Juan Pablo levantó suavemente mi mano a sus labios y la rozó con un beso de ángel. Nos reímos y lloramos, completamente sorprendidos por el milagro de siete libras y once onzas que la enfermera colocó en mis brazos. Una conmocion de cabello negro coronó a un hermoso bebé que, en cuanto oyó la voz de su papá, abrió mucho los ojos. Era amor tierno a primera vista, un momento por siempre grabado en mi corazón. Teníamos un hijo.

Un puñado de días más tarde, me di cuenta de que nuestro pequeño apartamento se había convertido en el hogar que siempre soñé cuando era niña. Madre, padre, bebé, amor. El impacto de la vida de Leo entrelazada con la nuestra se precipitó sobre mí de una vez: trajo una abundancia de alegría y felicidad- y responsabilidad. Durante las siguientes veinticuatro horas, trescientos sesenta y cinco días, una década, cincuenta años, cien años. . . él estaría a nuestro cuidado., La figura alusiva de para Siempre me sonrió y tomó mi mano.

Mi vida se estaba transformando ante mis ojos. El tenor de mis días había cambiado de reuniones a comidas, de contestar llamadas telefónicas a responder a los llantos de mi hijo, de pensar sólo en mí y en Juan Pablo para disfrutar cada momento con nuestro hijo recién nacido.

Antes de tener a Leo, trabajé como director de mercadeo de Marriott Corporation, seguido por una cadena de restaurantes brasileños. La fe de mi madre esbozó mi fundamento: yo creí que podía hacer cualquier cosa, y esta ingenuidad me dio la libertad de atreverme y aprender, cometer errores e intentarlo de nuevo mientras perfeccionaba mis habilidades empresariales. Descubrí una pasión por las relaciones públicas, la estrategia de mercadeo y el desafío de hacer que las cosas sucedieran mientras supervisaba un presupuesto publicitario de medio millón de dólares para la cadena de restaurantes con ubicaciones en el centro de Chicago, Downers Grove y Schaumburg. Durante mi mandato de tres años, crecieron un mundo de oportunidades. Junto con ganar mi grado de mercadotecnia en el Colegio de DuPage, estaba encabezando eventos que me conectaron a un desfile de celebridades de alto perfil como David Beckham y todo su equipo de fútbol Real Madrid, ejecutivos del Museo de Arte Contemporáneo, CEOs de compañías como Boeing y AM Corporation, y muchos medios de comunicación editorial y publicidad. La emoción de hacer realidad los sueños de la gente a través de la comercialización encendió una chispa dentro de mí que nunca se ha atenuado. Una vez, un gerente de hotel que era un escéptico de marketing autoadmitido se acercó a mí con la incredulidad feliz en su cara.

CAPÍTULO 6: PRIMERAS FLORES DEL EMPRENDIMIENTO

"Jackie, al principio, no tenía idea de lo que era el mercadeo y ni siquiera creía en él", dijo, "pero sus ideas están funcionando. Anoche tuvimos cuarenta nuevas personas para la cena que vinieron con un certificado de su promoción del hotel. ¡Eso es increíble, sigua el gran trabajo! "En el interior, la niña con altas calificaciones en su boleta escolar se sonrió. Cada vez que recibía una observación de cortesía sobre mi trabajo o una oferta de trabajo, lo tomé con gran alegría. Me di cuenta que con la actitud de hacer que sucedan las cosas y mi afán de obtener resultados y de traer valor, cuando se combinan con la positividad, atrajo a la gente. Estos rasgos siempre habían sido parte de mí, pero nunca me había dado cuenta de que eran diferentes o especiales. Ahora, mi determinación - ganar calificaciones altas en la escuela, conquistar el idioma inglés, esforzarse para correr más y más rápido - se aplicaba a los negocios. ¡Y me encantó el reto!

Al principio de mi carrera, las ventas eran un gran componente de mi trabajo. Requirió una cierta cantidad de empuje, porque si usted no tenía un documento firmado, usted no tenía una venta. A través de la comercialización, sin embargo, podría inspirar a la gente en lugar de decirles qué y cuándo comprar. La comercialización era un nuevo mundo hermoso, y me encantó. *Yo puedo usar mi talento para crear nuevas ideas, otros a implementarlas, y ver los resultados*, pensé entusiasmada. Y mis ideas estaban trabajando: la gente entraba en el restaurante a través de las promociones que creé, y eso alimentó mi pasión.

Empecé a imaginar lo que podía hacer para otros negocios si me daban la oportunidad de ayudarlos. Quería experimentar su éxito y crecimiento. A través de la comercialización, podría hacer un verdadero impacto en el mundo; por eso me apasioné tanto, y todavía lo estoy. Lo haré por el resto de mi vida.

Mientras trabajaba con los restaurantes brasileños, gané la experiencia de ser un "intrapreneur" -una empresaria dentro de una empresa. La capacidad de conectarme con la gente, crear campañas de mercadeo, ver los resultados, y desarrollar nuevas ideas me fascinó.

Vi a los grandes de la industria, como Margie Korshak, una mujer con una historia como la mía, y soñé que algún día tendría una compañía como la suya, con personal, eventos especiales, premios de la industria y clientes satisfechos.

El tiempo reservado para mi permiso de maternidad desapareció rápidamente. Empujé hacia abajo el pánico de volver a doce horas diarias, viajes diarios dentro y fuera de Chicago, y un trabajo que, mientras emocionante, de repente parecía limitante con su salario moderado y esperando aumentos anuales. Ahora tenía un hijo y vislumbré un futuro sin fronteras para él, para nuestra familia y para mí. Un feroz deseo de hacer algo nuevo, algo diferente de lo que había conocido, se abrió camino a la vanguardia de mi mente. El momento de saltar, de comenzar mi propio negocio, era ahora.

Las páginas de mi juventud se abrieron ante mí mientras

CAPÍTULO 6: PRIMERAS FLORES DEL EMPRENDIMIENTO

seguía mi rutina diaria de cambiar pañales y viendo el diminuto pecho de Leo levantarse y caer en profundo sueño. *Todas las respuestas están dentro de ti*, susurró Rhonda Byrne. *Lo que tu mente puede concebir, puede lograr*, dijo Napoleón Hill. *Todo lo que siempre quisiste esta al otro lado del miedo*, compartió Clark Weber.

Agarré su sabiduría, mis pensamientos me impulsaron hacia adelante. Revalué mi vida y me di cuenta de que, de toda la gente que había conocido, una persona me había inspirado ahora para cambiar mi curso: Leo. Una noche, lo sostuve en mis brazos y miré sus ojos somnolientos en serio, el olor de su delicada piel acelerando mis sentidos y profundizando mi devoción a su pequeña vida. Escenas de mi propia infancia destelló ante mí: la gente de Malpaso y sus firmes opiniones de mi familia, la pérdida de nuestra casa por el fuego, el trabajo duro de mi mamá para ganarse la vida para nuestra familia, la soledad que sentí cuando mis hermanos se fueron y la ausencia de mi padre cuando más lo necesitaba. Reflexioné sobre muchos casos en los que la gente estaba arraigada en un solo lugar. -Leo, te lo prometo -susurré-. No te haré eso. Tu papá y yo vamos a hacer una vida para ti en la que puedes hacer cualquier cosa que vislumbres, ser quien desees ser. Siempre cuidaremos de ti. Siempre estaré contigo. Y siempre te amaré siempre. El nacimiento de Leo cambió y arquitectó la visión de mi vida. De repente me sentí. . . despierta. Quería un negocio con cada fibra de mi ser. Era como si la entrada de Leo en el mundo me diera permiso para ser la persona que había esperado toda mi vida para convertirse en: una empresaria exitosa en hacer una diferencia en la vida de los demás. Una cosa que aprendí de la lectura de la gran literatura es que todo el éxito que usted alcanzará siempre está en proporción directa a cuántas personas usted ayuda a tener éxito. Cuando era joven, no sabía cómo hacer esto. ¿Le dan a la gente flores para celebrar sus éxitos? Escribir notas de aliento u ofrecer su consejo? De repente, como adulto, lo supe. Estaba justo enfrente de mí: Si yo ayudaba a otros a hacer crecer sus negocios, sabia que disfrutaría el éxito no sólo profesional sino también personal. Les permitiría alcanzar sus sueños, tener independencia financiera y proveer a sus familias. El impacto de la comercialización era envolvedor e inspirador.

Los libros, de nuevo, estaban esparcidos por mi cama, el sofá y el mostrador de mi cocina. Juan Pablo cuestionó mis pedidos de Amazon y el gran volumen de cajas de tamaño libro que llegaban a la casa. Mientras alimentaba a Leo, ojeé páginas sobre cómo iniciar una corporación en Illinois. Me costó mantener los ojos abiertos para terminar un capítulo sobre los servicios de precios y los principios de gran servicio al cliente. Consideré un nombre y colores corporativos; un colega sugirió azul o púrpura porque eran colores sutiles y atractivos para los ojos. Mientras que doblaba la ropa un día, escogí un color berenjena púrpura intenso, porque era vibrante y esperanzado. Busqué aprender todo lo que se necesitaría para abrir JJR Marketing Consultants -como decidí llamar a mi compañía- sólo para averiguar más tarde cuánto quedaba por descubrir.

Cuando Leo tenía cuatro meses de edad, lo puse en su portabebé y fui a visitar a un consultor de SCORE en Harper College. Con personal de ejecutivos de negocios jubilados, SCORE es un recurso gratuito disponible para los empresarios en muchas ciudades a nivel nacional. Me registré con una recepcionista que era agradable, esperamos un par de minutos, y la seguí a una sala de recursos iluminada por una iluminación fluorescente brillante y decorada con moderación con muebles colocados alrededor de la sala. Un Señor de unos sesenta años con cabello blanco y una hermosa sonrisa me saludó. Había varios libros sobre el escritorio, y yo estaba tentada a echar un vistazo a sus títulos, pero opté en su lugar.por centrarme en la importante conversación

"¿Cuáles son tus sueños?" Preguntó el consejero de SCORE.

Compartí mi idea de iniciar una agencia de mercadeo, y él parecía más interesado a medida que pasaban los minutos. Él "vio" mi pasión, dijo. Él lo captó. Luego me preguntó: "¿Qué crees que es el mercadeo?" instántaneamente, volví a recordar a mi padre preguntándome si quería ir a los Estados Unidos. *Más que nada, papá, quiero ir.* Una vez más, se me pidió que alcanzara dentro de mí misma y enfrentara la verdad. De alguna manera, sabía que este momento definiría la dirección que tomaría mi vida.

Con toda la pasión, toda la feroz creencia de que iniciar un negocio era lo correcto, dije: "El mercadeo es lo que hace que las buenas compañías sean buenas. Quiero ayudar a tantos negocios como sea posible ser líderes, ser conocida, conectarme con los clientes, y crecer. "

En una sola frase, mis esperanzas y sueños se hicieron realidad. Él sonrió brillantemente. -Jackie -dijo-, estás lista.

Yo esperaba sacar un algo de esta reunión: la validación. Yo creía que éste era el momento adecuado para comenzar mi negocio, que estaba destinada a ser, pero yo necesitaba a alguien para verificar esto, y él lo hizo. Este fue el puente más importante que me llevó a lanzar mi negocio con confianza. Salí de allí lista para hacer una diferencia en el mundo como una empresaria!

Otros en mi vida, sin embargo, estaban desconcertados. Mi suegra, mis amigos -incluso Juan Pablo- cuestionaron mi decisión. La definición de "quién" yo debería ser diferente de la mía. Una madre de oficios del hogar ¿Una empleada con la seguridad de los beneficios y un cheque de pago? ¿Una empleada a tiempo parcial haciendo trabajo repetitivo? Es fácil mirar atrás y comprender su escepticismo. Yo tenía veintitrés años, nunca había tenido un negocio, acababa de dar a luz a mi primer bebé, y estaba a punto de graduarme de la universidad. ¿Quién era yo para iniciar mi propio negocio? Bastante justo, pero. . . ¿quién era yo para no empezarlo? Mi suegra, una de las personas más dulces y cariñosas que conozco, me llevó la tarea de las más fuertes. La visitábamos y, con mucho entusiasmo, compartí con ella mis sueños de iniciar un negocio. Su frente se arrugó mientras ella ocupaba sus manos en la estufa, empujando el ajo en una sartén con una cuchara de madera.

"¿Qué crees que estás haciendo?", Preguntó. "Tienes un bebé recién nacido, y tu única preocupación ahora debe ser cuidar de él."

Mi espíritu se estrelló. "Quiero dar a Leo una vida mejor. Si esto despega, Juan Pablo no tendrá que trabajar esas largas y locas horas. "Lucho por mis ideas en nombre de su hijo. Orgullosa, obstinada y herida, me tragué mis heridas y permanecí en silencio el resto de la noche.

Como madre de dos hijos ahora, me doy cuenta de que su preocupación por nuestra familia fue inspirada por la cautela. Además, el empresariado es un concepto difícil de entender para muchas personas. Juan Pablo era camarero en un club de campo privado, y nadie en su familia inmediata tenía un negocio, así que no tenía un ejemplo con el que comparar mis sueños empresariales. A él le pareció y al igual que a otros que todas las probabilidades estaban en contra mio. Yo era joven, hispana, mujer, una nueva mamá. El me preguntaba a dónde iba cuando salía de la casa, qué ropa llevaba puesta, con quién iba a reunirme y cuándo volvería. Más tarde, cuando se unió a mí como socio, comprendió mucho mejor las exigencias de mi tiempo, pero le resultaba difícil verlas claramente desde el principio. En ese momento, él estaba fuera de mi mundo profesional mirando hacia adentro.

Un aluvión de negatividad, un lienzo vacío, una pila de libros, un corazón decidido y una visión esbozaron esta nueva aventura. La luz que despertó mi negocio era imposible de ignorar. Había encontrado mi vocación profesional, mi vocación, y lo sabía.

Como recuerdo ese tiempo de mi vida cuando lancé mi negocio, estoy agradecida. Un hijo nació. Nació una empresa. Y aprendí que siguiendo al corazón rara vez te lleva por el camino equivocado. . . porque el dolor del arrepentimiento es mucho mayor que el dolor del fracaso.

A pesar de lo que la gente decía y pensaba, sabía en mi corazón que iniciar un negocio era lo correcto. Me imaginé diez años más tarde como una empresaria exitosa con personal y elogios, una hermosa oficina púrpura, y una gran reputación. ¿Dónde me llevó esta visión? Ahora estoy sentada aquí, rodeada por paredes color berengena con casi veinte placas y trofeos de la industria, un talentoso equipo de gente que trabaja con nosotros y un grupo de clientes que, en cualquier día, me envían un agradecimiento. Esto es lo que sé con seguridad: si puedo verlo, puedo hacerlo.

Más tarde, yo otra vez sería forzada a llevar estas palabras al corazón.

Factor del higo: Visión

Contemplar las capas de una estructura de ladrillo e imaginar lo que sucedería si incluso una capa era débil o faltaba. Tenemos capas también, que revelan nuestra autenticidad y ayudan a formar la visión de lo que podemos llegar a ser en el futuro. En relación a ellos nos da claridad y dirección. Lo mismo sucede con la fuerza de otros. Tener sólo una persona que validara mi visión alimentó mi valor para lanzar un negocio. Creer en los demás y sacar fuerza de ellos le ayudará a realizar su visión, también.

Peldaños del Factor del Higo...

1. Cierra los ojos y imagínate dentro de cinco años. Dibuja un círculo con tu visión en el medio. A continuación, describa los pasos que debe seguir para asegurarse de llegar al destino deseado.
2. ¿Quiénes son los principales defensores de tu vida? ¿Cómo te apoyan? ¿Cuándo fue la última vez que les dijiste lo mucho que significan para ti?
3. ¿Qué cualidades posee que te han preparado para cumplir tu visión?

FLORES DE OTOÑO

"Onement, está presente en un solo momento del tiempo".

— Jennifer Weggeman

En diciembre del 2006, el bebé Leo y JJR Marketing compartieron un cumpleaños de cinco meses. En esos primeros días, me despertaba cada mañana y me preparaba para el trabajo, eligiendo mi chaqueta negra del traje y pantalones o chaqueta morada y pantalones negros. Mi rutina de maquillaje era sencilla: una base de crema, una sombra de ojos marrones de dos tonos para emparejar mis ojos, un delineador de color negro, un swoosh de rímel y una rápida brocha con rubor. Vacilaba mientras me miraba al espejo cada mañana, recordando las palabras de mi madre: vestida para triunfar. Así como yo cumplía con mi sueño de comenzar mi propio negocio, sabía que estaba viviendo el sueño de mi mamá también. *Las flores en otoño son igual de hermosas, madre. Cada paso que tomo cuenta para los dos.*

Cuando ya estaba lista, que no pasaba de las ocho y media de la mañana, caminaba diez pasos hasta el pequeño cuarto de nuestro apartamento destinado como oficina. No importaba si tenía una reunión o no, yo estaba comprometida a vestirme siempre para mi trabajo como una ejecutiva independiente de mercadeo. Un escritorio, una computadora, una estantería y desechos de plata me aguardaban. No había espacio para mucho más. A veces Leo me acompañaba, y yo estratégicamente no le pasaba llamadas telefónicas durante sus siestas. Se convirtió en el juego de cómo-hablar-teléfono-cuando-Leo-no-estaba-llorando. Sobre todo yo siempre ganaba como Juan Pablo todavía trabajaba noches en el club de campo y se convirtió en jugador de relevo para mi lado del concurso durante el día.

En mi escritorio, las pilas de papel crecieron de mi documentación perpetua: recordatorios de la reunión, cartas, folletos del cliente, notas de los libros bien-leídos, artículos del negocio rasgados salvajemente de las revistas, mis sueños en forma de diagrama, tomos universitarios pesados de mi último semestre, carpetas de archivos para cada tema, y listas sin fin. Mi teoría es que cuando usted no sabe muy bien lo que está haciendo, se siente obligado a guardar cada fragmento de papel sino por otra razón que para tener una prueba de su día de trabajo. Tenía muchas pruebas.

En esa marca de los cinco meses, las tiendas y las casas estaban vestidas para la Navidad con árboles susurrantes, cintas suntuosas de oro y de plata, y las luces chispeantes. Me encantó la posibilidad de elegir la primera ronda de juguetes de plástico

CAPÍTULO 7: FLORES EN EL OTOÑO

de gran tamaño asi que nosotros tendríamos que ver la manera de como armarlos para Leo, ropa para Juan Pablo, y una hermosa bufanda y monedero para mamá. Sólo quería una cosa: un nuevo teléfono celular! El Blackberry era el smartphone de elección, y yo quería uno. (Difícil de creer ahora, pero iPhones ni siquiera existían en el momento.)

Juan Pablo y yo no teníamos mucho dinero, pero éramos felices. De alguna manera, las piezas de mi vida estaban arregladas de una manera que, por primera vez, tenía sentido para mí. Como un mosaico con cientos de pequeños azulejos colocados precisamente en una imagen, mi camino como madre, esposa y empresaria era seguro y confiado. Mis clientes, al principio en su mayoría restaurantes, me contrataron para trazar planes de mercadeo, enviar comunicados de prensa a los medios de comunicación locales y crear promociones y eventos especiales. Mientras que Juan Pablo y el resto de mi familia seguían siendo escépticos, sabía que si sólo trabajaba lo suficiente, mi negocio tendría éxito. No pude ver nada que se interpusiera en mi camino.

O eso pensé.

Los mayores temores para cualquier corredor son los ataques de perros, los autos fuera de control y los accidentes imprevistos. Los corredores temen estas cosas porque son inesperadas. ¿Es diferente en la vida? Planeamos, establecemos nuestras mejores intenciones, nos negamos a ver qué podría salir mal, y no estamos preparados cuando sucede. A veces, lo inesperado incluso se arrastra hacia delante con inocencia, como fue el caso con la invitación al restaurante indú. Ubicado en la pintoresca ciudad de Westmont en los suburbios occidentales de Chicago, el posible cliente estaba buscando un plan de mercadeo para su restaurante recién inaugurado. Vistiendo mi traje negro-conservador, de negocios-besé a mi madre, que vivía a pocas cuadras de distancia y a veces cuidaba mi niño, y abracé a mi pequeño Leo diciéndole adiós y me fuí a mi reunión.

Mucho de la misma manera en que me había preparado para el discurso que cambió mis años de la escuela secundaria de insoportable a increíble, cuando me dirígia en el coche mentalmente repasé mis ventajas claves y experiencia de hospitalidad. Dale Carnegie me había enseñado que a una perspectiva no se le puede decir "no" si les das todas las razones para decir "sí".

Los complejos animales de madera tallada, símbolos importantes de la religión hindú, adornaban las paredes naranjas quemadas. Lámparas suspendidas de marfil en el techo con un adorno distintivo de voluta de hierro, que daban la impresión de olas en el mar para que el ojo navegara. Un tejido rojo de amapola rociado con hilos de seda de cobre colgaba en la pared del fondo, cerca de una acogedora chimenea. Estos fueron los ricos, suntuosos colores y texturas que encontré ese día. Sentí la vitalidad de la cultura indú, casi tan cálida y acogedora como el mismo propietario. Bajo, oscuro y con gafas, de unos cuarenta años, dijo: "Te buscamos. Seis meses. Feliz de conocerte. Gracias por venir aquí en una época tan concurrida.

" Es difícil imaginar no ser capaz de localizar a alguien, pero no era tan fácil seguir a la gente entonces como lo es ahora, especialmente teniendo en cuenta que mi red no estaba completa todavía, había cambiado los números de teléfono durante ese tiempo, y el restaurante no estaba muy seguro del nombre de la empresa. No había LinkedIn, y Facebook acababa de estrenarse fuera de los campus universitarios. MySpace estaba saturado con setenta y cinco millones de usuarios, pero me rehusé a participar; para mí, no era una herramienta de negocios. Así que, después de escuchar cosas buenas acerca de mí, la gente en el restaurante indú finalmente conseguío mi número en una conversación casual con alguien que me conocía. Ese día, estuve agradecida por la posibilidad de trabajar con ellos. Siendo hispana, viniendo a este país desde muy joven, y rodeándome en su mayoría con amigos americanos, nunca había probado la comida de la India. Tenía curiosidad por los deliciosos aromas, olores inspirados en naranja, pollo, y un compendio de especias. Pero recibí la señal señal del hombre corto y saludable con la piel de tonos arenosos: no me ofreció ningúna comida. Cuando salía del restaurante, sin embargo, mis ojos captaron tres bols cerca de la caja registradora. Ellos eran lisos y brillantes de color naranja resplandeciente, rojo tenue y verde, y cada una estaba llena de lo que parecían semillas o granos. –

¿Qué es eso? -pregunté.

"Oh, esas son especias que usamos para limpiar el paladar después de comer", respondió. Amo aprender sobre culturas diferentes. Abrazar a otras culturas abre posibilidades infinitas para el aprendizaje, la oportunidad y ayudar a los demás.

-¿Puedo probarlo? -pregunté. "Por supuesto," respondió con una sonrisa de aprecio. Yo imaginaba llevar escritores culinarios al restaurante y preguntarles con una voz suave y mundana, *¿te gustaría limpiar tu paladar?*

Levanté la pequeña cuchara, escogiendo cardamomo. Una oleada de semillas de color marrón oscuro cayó en la palma de mi mano izquierda.

-Ah, usted ha elegido a la reina de las especias -dijo el dueño a sabiendas-. Sintiéndome como una realeza, me la lleve a la boca, dije mis últimos adioses y salí por la puerta.

Paso un minuto, un dolor insoportable floreció en mi estómago inferior. Los coches en el estacionamiento se ahogaron en un vago desenfoque, y traté de recordar dónde había dejado mi coche. Una vez que lo encontré, me desplomé dentro de los brazos del asiento de cuero, del lado del conductor, tan mareada como nauseabunda.

Enfoca, no estás lejos de casa. Los escalofríos recorrieron mis brazos. *Verde significa ir, permanece en el carril de la derecha.* Como corredora, sabía sobre el poder de la respiración profunda para calmar el dolor, pero las ondas de choque dentro de mí estaban más allá de todo lo que había experimentado. *Leo cuenta contigo...*

Por pura voluntad, llegué a casa. Mi mamá, a quien Juan Pablo ya había relevado de la guardería, se acercó de inmediato, oyendo en mi voz que algo estaba increíblemente mal. Cuando llegó, me encontró retorciéndose en el suelo. Juan Pablo no tenía idea de qué hacer. Pensó que el ataque podría ser una reacción alérgica. Llamamos a mi médico, y él dijo que esperara un poco para ver si el dolor desaparecería.

Pero no se fue. Empeoró.

Una guerra interna rugía con el dolor triunfando. Una vez más, mi sangre estaba atormentada por el temor: el temor de no saber la causa de mi dolencia, el temor de que de alguna manera el cáncer había regresado con una venganza, el miedo a estar demasiado enferma para cuidar a Leo, y temía que no sobreviviría a esto, fuera lo que fuera. Mi mamá me dio un bolillo, un tipo de pan mexicano y té. Empapada de agotamiento, caí en un sueño doloroso.

En la parte más oscura de la noche, me desperté con una picazón por todas partes de mi cuerpo-mi cuero cabelludo, los brazos, el estómago, las piernas, los pies ... cada centímetro mío pidió atención. Mi orina era negra y mis deposiciones blancas. El miedo había sucumbido ante el pánico. Algo estaba terriblemente mal. Una vez más, mi madre, un héroe siempre ante mis ojos, vino a quedarse con Leo, y Juan Pablo me llevó a la sala de emergencias del Hospital Good Samaritan, a sólo tres millas de distancia.

El viaje en automóvil fue algo borroso para mí, pero Juan Pablo me dijo más tarde: "Agarré tu mano como si estuviera agarrando una cuerda larga en el lado de una montaña tan alta que su cima tocaba las nubes. Mi supervivencia era tuya. Y determiné que usaría mi propia voluntad para mejorarte, y lucharía por ti. Nunca te quise tanto como lo hice en ese momento.

Un desfile de tres días de ultrasonidos y pruebas con siglas misteriosas como ERCP, resonancias magnéticas y HIDA encontraron un posible problema: cálculos de la vesícula biliar. La realidad era, sin embargo, que los médicos no podían determinar una causa con certeza. Demasiados de mis síntomas estaban fuera del alcance de ese diagnóstico simple.

Me transfirieron al hospital Northwestern, conocido por su departamento médico gastrointestinal. Pasó otra semana y al comienzo de otra fué cuando descubrieron un quiste, colocado astutamente entre la vesícula biliar y el hígado, ocultándose en medio de los conductos biliares. Quiste Choledocal Extrahepático Tipo II. Era el segundo más raro de cinco tipos diferentes de quistes: uno en ciento cincuenta mil personas lo obtiene, y la gran mayoría de ellos vive en Japón. No tenía relación con la cultura japonesa. Yo nunca había probado sushi. Nada tenía sentido.

Un plan fue fijado: los cirujanos quitarían parte de la pequeña área entre los conductos biliares y substituirían el espacio entre ellos con un stent plástico. Me enviaron a casa por casi tres semanas antes de la cirugía.

CAPÍTULO 7: FLORES EN EL OTOÑO

Para cualquiera de nosotros, ¿qué ocurre en el lapso de veintiún días enterrado dentro de un mes promedio en un año promedio? Doblamos la ropa lavada, dormimos, escribimos correos electrónicos, conocemos a alguien nuevo, nos besamos, corremos, despertamos y deseamos que hayan más minutos en la mañana, cocinamos la cena, hacemos el amor, sonreimos inesperadamente, discutimos con un cónyuge, tratamos de cortar la coversacion telefónica con un amigo que le encanta hablar, compramos comida, leemos un libro, tendemos la cama, llevamos los niños a las prácticas deportivas, y estudiamos para una prueba. A veces, lloramos o ayudamos a un amigo o escribimos una nota. Una cosa que no hacemos a menudo es apreciar.

Por lo tanto, durante tres semanas-veintiún días consecutivos- yo supe apreciar. Vi la vida de una manera completamente diferente. La comida era mejor. Los abrazos de mi familia se sentían mágicos. Me desperté, alerta. Todo era más vívido. Cosas cotidianas como el tener que lavar la ropa de mi marido tirada en el piso del dormitorio o una llamada telefónica sin contestar o los juguetes de Leo regados en el suelo no me molestaban más. En momentos bebí vorazmente los momentos con mi hijo, quien era tan donativo con sus sonrisas generosas y cuyo calor físico me decía que definitivamente yo estaba en casa para él. ¿Había visto lo hermosamente delgados que eran sus dedos cuando se envolvian alrededor de los mios? Juan Pablo y yo nos enfrentábamos con un silencio desgarrador a veces. Toques suaves, mi cara sobre su pecho, juramos solemnemente que no habría nadie más para ninguno de nosotros. Eran promesas tontas hechas en un mar de lágrimas que ni siquiera sabía que había dejado dentro mí. Pero igualmente una corriente subterránea profunda creció, una corriente de positividad. Había esperado toda mi vida para encontrar a mi musa. Como un soldado que protegía su guarnición, me comprometí a no renunciar a nada.

Prepararme para la cirugía era un viaje a sí mismo -como unas vacaciones de ensueño. Caminé sobre un haz de equilibrio separado por dos mundos: Gratitud, un lugar con luz brillante iluminada por mis muchas bendiciones, y miedo, forjado por sombras oscuras y desesperación.

Cuando visité Gratitud, vi la vida a través de un nuevo lente. Bendiciones como la comida en mi refrigerador o despertar de un sueño profundo me fueron reveladas con el drama de una escultura de un millón de dólares. Me maravillaba de estas cosas sencillas que habían estado allí toda mi vida. ¿Cómo las había echado de menos? Cuando viajé por el camino y pasé por la entrada al Miedo, me metí en la oscuridad para recoger tarjetas, cada una nombrando los momentos que nunca podría ver de nuevo. Leo creciendo, alguien dijo. El corazón valiente de mi marido, impreso en otra. Vacaciones con mi mamá. Barbacoas con las familias de mis hermanos. La negra oscuridad bordeaba los caminos del Miedo, e inevitablemente, lágrimas llovían ferozmente, convirtiendo la suciedad en un barro grueso.

CAPÍTULO 7: FLORES EN EL OTOÑO

Recuerdo vivamente dos experiencias de este tiempo. Uno me enseñó el poder de la mente; el otro, el poder del corazón.

La primera experiencia fue durante mi estancia de tres semanas antes de la cirugía, cuando habia programado presentar el discurso número siete de diez en Toastmasters de Oak Brook. El objetivo final era un certificado de Comunicador Competente. En la historia de esa oficina regional, nadie había llegado tan lejos tan rápido. Me acerqué al podio, sintiendo mariposas salvajes volando dentro de mí. Estaba lista para poner en práctica todo lo que Toastmasters me había enseñado: mantener el contacto visual, no tener en cuenta las distracciones, equilibrar la calidad tonal, sincronizar frases dramáticas y crear confianza con la audiencia.

El discurso número siete era diferente porque este abordaría el tema de mi rara condición. Parte de mí estaba emocionada por el hecho de que yo estaría en el ochenta por ciento del camino para obtener mi certificado al final de este discurso, pero otra parte de mí tropezó con el pensamiento de que yo estaba tan estrechamente relacionado con el tema.

Como si escogiera una pistola para un duelo, consideré mis opciones y escogí la objetividad como mi arma para luchar contra la guerra emocional que hervía justo debajo de la superficie. Caminé hacia el salón de conferencias de la esquina dentro de las oficinas corporativas de McDonald en la elegante ciudad de Oak Brook. Las ventanas delineaban la sala con mesas unidas formando U. Preparé gráficos y diagramas y me preparé mentalmente para dirigirme a las tres docenas de personas que debían asistir a la reunión ese día. Entonces, cuando todos llegaron, empecé.

Ustedes pueden pensar que estoy hablando un idioma extranjero cuando diga lo siguiente, pero no lo soy. Es simplemente el nombre de una condición rara sin causa conocida real que la mayoría de la gente nunca ha oído hablar: Quiste Extrahepático Choledocal Tipo II. Dicen que probablemente tendría que ser de ascendencia asiática para tenerlo. Déjeme ser la primera en decirles que están equivocados. "El público se rió de mis burlas cuando expliqué cómo el flujo de bilis del hígado se bloqueaba y otros detalles sobre la condición. Cerré alentando a la gente a averiguar más y preguntaran a sus médicos al respecto.

Mientras hablaba, jugaba un juego mental, convenciéndome de que la persona con esa condición era otra persona en lugar de mí. No te emociones, me instruí en los momentos en que sentí que mi garganta empezaba a cerrarse con desconfianza familiar: ¿Cómo me puede estar pasando esto para mí? En lugar de eso, me dije a mi misma: *Eres una profesional. Dales el mejor discurso que jamás hayan escuchado de ti.* Como tal, estaba participando, hice contacto visual, y evité"ahs" y "ums" por el manual Toastmaster. Me separé completamente de la cirugía mayor programada en dos semanas.

Cuando terminó el discurso, hojeé las encuestas realizadas por los asistentes después del discurso de una hora; los comentarios

CAPÍTULO 7: FLORES EN EL OTOÑO

fueron congratulatorios en cada cuenta. Mi gratitud dio paso a las lágrimas, mi objetividad totalmente sacrificada. No pude aguantar más y me entregué a mis profundas emociones y miedos. Algunos amigos me abrazaron y me desearon buena suerte. Todo el mundo debe ser tan afortunado de rodearse de tal "familia" en tiempos difíciles.

Ese dia aprendí cómo el poder de la mente es la base del equilibrio para mantener las experiencias emocionales en jaque. Trae objetividad cuando sea necesario. Mi experiencia me enseñó a ser fuerte y mostrarme con la mejor actitud, no sobrecargar a la gente con negatividad innecesaria.

La segunda experiencia importante tuvo lugar el día de Navidad con mi familia. Llevaba un collar rojo con los pendientes que combinaban, y una camisa marrón y blanca. Me sentí abierta y en sintonía con la vida ese día en particular. Mi cirugía, programada para el 9 de enero, se acercaba rápidamente, y no desperdicié ni un día ni una oportunidad para que todos supieran lo mucho que los amaba. Cada uno de ellos significaba tanto para mí.

Efraín, junto con su hermosa esposa e hija, fueron los anfitriones de la Navidad. Toda mi familia estaba allí: mi mamá, hermanos y dos primos. Sentí pesadez en el aire alimentada por el miedo a lo desconocido. Uno por uno, me dijeron cuánto me querían y se preocupaban por mí. Cuando llegó la hora de abrir los regalos, nos sentamos en el mueble modular de cuero grande y compartimos nuestra gratitud antes de abrir cada regalo. Casi todo el mundo compartió sus buenas intenciónes para mi próxima cirugía, tratando de ser fuerte para darme apoyo, aunque sus voces se estaban agrietando. Podía ver en los ojos de mi madre que el miedo estaba cobrando su peaje en ella. Ella me halaba para abrazarme en cualquier oportunidad que ella tuviese, diciéndome cuánto me amaba y me tranquilizaba diciéndome que todo estaría bien. No mucha gente tiene la oportunidad de presenciar el verdadero amor incondicional de tantas personas en una misma habitación, al mismo tiempo. Lo sentí y esperaba que nunca desapareciera. Creo que así es el cielo. En el cielo, todo el mundo ama y es feliz, todo al mismo tiempo, todo en una gran sala. Me imagino platos de comida, falta de todo juicio y condenación, y amor sin razón ni causa. Amor por amor al amor. Amar porque podemos. Y el poder infinito del corazón.

Mis veinte y un días repararon heridas también, que de otro modo hubieran quedado abiertas y adoloridas, tal vez para siempre. "peleábamos tanto cuando éramos niñas. Por favor, perdona los días entre ahora y entonces que no hemos hablado, "le dije a mi prima Lorena. Habíamos crecido juntas, y todos siempre nos confundían como gemelas idénticas. Como en tantas relaciones infantiles, el tiempo y las millas habían creado un abismo entre nosotros que finalmente reparamos. Tuvimos una conversación larga y profunda sobre el significado de la vida y la importancia de la oración, una conversación que yo

CAPÍTULO 7: FLORES EN EL OTOÑO

apreciaba profundamente. Sin embargo, no habia tenído ninguna comunicación con mi papá durante este tiempo. Mientras yo no me afligía por ello, siempre en el fondo de mi mente se sentaba la niña esperando a su padre para volver a casa y ver su último grado de matemáticas. Sólo que esto no era sobre un grado. Esto era mucho más serio y requería todo mi enfoque.

El 9 de enero fue un día tan frío como el acero, que es a la vez vigorizante y cortante. Juan Pablo me llevó al Hospital Northwestern por cuarta vez en dos años, pero hoy fue diferente. Había mucho más en juego. Podía sentir su preocupación, así que hablamos de nuestro tema favorito: el futuro.

"Estarás bien, cariño. Te quiero mucho ", repitió. "Leo debería jugar al fútbol algún día-el gatea con grandes zancadas fuertes ", dije.

Un poco más tarde, Juan Pablo habló de sus visiones para nuestra primera casa. "Va a tener un patio pequeño hacia atrás para que podamos asar hamburguesas, y tendrá muchas ventanas y un sótano para todas mis herramientas." Él apretó mi mano. Mi corazón dio la vuelta al revés como lo hizo en el momento en que me pidió mi mano en matrimonio. Con un poco de alivio cómico, me miró de lado, levantó las cejas y me dijo: -Y un gran armario para que mi ropa tenga la oportunidad de ver una percha.

Tenemos mucho que vivir juntos.

Cuando estábamos a punto de salir del coche, agarré su brazo. "Te quiero mucho. Tengo miedo, Juan Pablo, pero seré fuerte para ti y para Leo. "Ya no era solamente mi marido; él era el padre de mi hijo, cambiando mi perspectiva en todo.

Dentro del hospital, nos escoltó a una pequeña habitación con un escritorio vacío y tenue iluminación. El médico, un hombre saludable de unos cuarenta años, explicó que requeriría un par de horas y reiteró que sólo quitaría el conducto biliar conectando la vesícula biliar al hígado y lo reemplazaría con un stent de plástico. En un momento, me encontré con sus ojos azules en la cabeza y pensé que sentí algo, una mirada que llegó y pasó rápidamente, pero definitivamente estaba allí. Era una mirada de temor.

Caminamos por el pasillo hasta donde me preparé para la cirugía. Un vestido de algodón ventoso, Juan Pablo sólidamente a mi lado, me alisó el pelo hacia atrás y contó en forma regresiva mientras estaba bajo sedación, pero, en mi mente, yo sólo estaba mirando hacia adelante ...

... y luego me desperté en el vigésimo piso de un edificio de ladrillos en una hermosa habitación de hospital. Me desperté con el sonido de una voz profunda y pensativa, con un rostro de asombro en su discurso.

"Jackie, tu actitud positiva te salvó", dijo el doctor.

No sabía a qué se refería. Entonces noté una autopista de tubos que iban y venían de todas partes a lo largo de mi cuerpo: un catéter y tubos de alimentación y un goteo intravenoso. Yo había imaginado este momento al despertar muchas veces, pero no estaba enredada en cintas de plástico en ninguna de mis fantasías.

CAPÍTULO 7: FLORES EN EL OTOÑO

"Cuando te abrimos", dijo el médico, "y nos preparamos para la cirugía que pensábamos que íbamos a hacer, nos dimos cuenta de que el quiste era el nivel cuatro antes del cáncer. La verdad es que podrías haber muerto sin saberlo. Usted nació con él. No hay manera de que lo hayas podido contraer, excepto que cuando comiste el cardamomo, el quiste se hinchó para obstruir el paso de la bilis. Eso provocó el inicio del dolor y otras complicaciones". Me puso esto en perspectiva al agregar:" Imagínese que usted estaba conduciendo por un camino a ochenta millas por hora en un camino de veinte millas por hora. Por supuesto, un oficial de policía notaría eso, pero ¿y si el oficial de policía se distrae por una fracción de segundo cuando toma una llamada telefónica y, debido a esta distracción, él no te impide la inevitable tragedia de un accidente. Eso es lo que te pasó. Eso es lo cerca que estaba de tener cáncer que podría haber tomado su vida en cinco días, cinco meses o cinco años. Esto habría tomado su vida porque se habría propagado en su sistema digestivo. Tuvimos que quitar la vesícula biliar y los conductos biliares, así como cortar el intestino por la mitad y volver a conectar con el hígado. "

-Gracias -dije. No sabía qué más decir.

Poco después, se fue. A otro paciente, otra cirugía, llamadas en espera. La puerta se cerró en silencio y la dulce soledad lleno la habitación.

Yo estaba agradecida de estar sola, por el lujo de la privacidad para reflexionar sobre las palabras del médico. Me sentí tan bendecida en ese momento, más que en cualquier otro momento de mi vida. Miré hacia el techo blanco de esa habitación y pude sentir en mi corazón este mensaje: Estás aquí para servir a los demás. El mensaje de Dios estaba claro. Mi misión, definida.

* * *

En la mano de alguien mucho más grande que yo, cada paso en mi vida ha sido por una razón.

Si yo hubiera vivido todavía en México, quizás no haya tenido el cuidado en un hospital especializado en problemas gastrointestinales.

Si no tuviera a mi familia aquí, habría estado sola.

Si no hubiera comenzado JJR, nunca habría visitado un restaurant Indú.

Si no tuviera la inspiración para acoger otras culturas, no hubiera tenido la valentía de probar una especie cruda de la India.

Si no tuviera a Leo, quizá no hubiera redoblado mi resolución de superar obstáculos físicos.

Cada acontecimiento que ocurrió - cómo sucedió, cuando sucedió, por qué sucedió - culminó para crear un milagro. Seis meses más tarde, Salvador compartió conmigo que el médico le había dicho que no podía prometer que yo saldría bien de la cirugía. Cuando mis hermanos llegaron ese día, exigieron hablar con el médico con la vehemencia de un padre. Me di cuenta de

CAPÍTULO 7: FLORES EN EL OTOÑO

que mis hermanos habían asumido este papel de padre sin hacer que fuera obvio. Una oleada de emoción me atravesó al descubrir el amor inquebrantable y paternal de mis hermanos por su hermanita. Habían defendido mi nombre, valiente y sólidamente. Hemos viajado lejos de la inocente persecución y nombre de hace años, ¿no es así, Salvador?

Ahora no hay ni un dia perdido para mí. Tengo la bendición de estar viva y de saber en mi corazón que estoy aquí para servir a los demás a través de todas las vías de mi vida: mis negocios, amistades, libros que escribo y la naturaleza empática de mis hijos Leo y mi hermosa hija Giulianna, nació dos años después de la cirugía. (Descubrimos mi embarazo después de otro incidente pizza hawaiana y múltiples pruebas de embarazo!)

Todo se alineó para el bien el año nuevo del 2007. Mi vida cambió para siempre. El conocimiento, por segunda vez, tomó mi mano y graciosamente me guió hacia adelante a un nuevo lugar de comprensión.

Factor del Higo: Concimiento

Las probabilidades de encontrarme en un lugar y tiempo que me ayudó a descubrir, e identificar y curar una enfermedad rara que ni siquiera yo sabía que había nacido con ella me reveló la naturaleza mística de la vida. Creo que Dios me cuidó durante muchos años antes de probar el cardamomo. Todos los caminos conducían a ese momento porque, sin él, nunca habría sabido de mi condición. ¿Y si yo no hubiera nacido con tal condición? ¿Qué pasaría si hubiera vivido mi vida sin sucumbir a ese concimiento total?

¿Repetiria el viaje sólo para aprender lo que he aprendido? Sí. La pregunta más fácil que he respondido.

Peldaños del Factores del Higo...

1. ¿Con qué claridad te conoces a ti mismo? Elija un día y concéntrese en sus selecciones, acciones e intercambios con otros. (Por ejemplo, cuando usted habla con su hijo acerca de su día en la escuela, ¿se detiene y escucha, o se mantienen lavando los platos?) Busque conocimiento en pequeños momentos.
2. ¿Cómo puede cambiar tu perspectiva para ver los momentos cotidianos como extraordinarios? ¿Qué impacto podría tener esto en tu vida?
3. ¿Cómo pasaría veintiún días antes de que una experiencia asi como la mia cambiara su vida? ¿A quién se acercaría y qué diría?

CUARTA PARTE:
Semillas en el viento

PALABRAS FINALES: LA BELLEZA DE LLUVIA

> *"Gratitud es el aire que espero que mis hijos respiren mientras viajan por el mundo ".*
>
> — Jackie Camacho-Ruiz

La lluvia cae. Observo cómo las gotas corren por la ventana y desaparecen tan abruptamente como aterrizan. Hay un ritmo en la lluvia, un suave e intencional roce de un tambor lejano, un concierto que sube y baja con los suspiros de la naturaleza. Me tranquiliza.

La escena me hace considerar uno de mis símbolos favoritos: el agua. El agua invoca la imagen de bendiciones que caen sobre mí. Nuestras manos no pueden sostener el agua por horas y horas; estamos obligados a dejarla ir. Bendiciones, también, no se pueden mantener demasiado cerca durante mucho tiempo. Ellas viven en el corazón, un lugar donde las cosas se comparten naturalmente. Cuando nos arriesgamos a dar parte de nosotros mismos a otros- ya sea un elogio a un extraño o el sueño perdido para ayudar a un amigo a través de sus problemas- Una nueva vida nace. Hemos hecho un cambio positivo para otra persona, como una semilla que encuentra su hogar después de viajar kilómetros por el viento.

Muchas de mis experiencias son las mismas que las personas enfrentan todos los días. Sin embargo Extraer la belleza de situaciones difíciles, alteró los resultados para mí. Con asombrosa influencia, podemos volver a escribir nuestro guión definiendo la belleza dentro del paisaje de nuestra vida. Dale Carnegie dijo: "Hoy es nuestra posesión más preciada. Es nuestra única posesión segura. "¿Por qué, entonces, nuestra única posesión segura se empaña al no apreciarla completa y cuidadosamente?

Una niña recoge los higos. Y ella ha cambiado. Como niña, Yo no reconocí por completo el cambio dentro de mí, pero ahora me fortalecí al darme cuenta de que puedo hacer algo de la nada, sólo son unas frutas cotidianas que la gente al pasar no aprecia o las ve como insignificantes. Al hacer lo que hice, pude ayudar a mi mamá y a papá haciendo dinero extra, evocando sonrisas en otros, y sentirme realizada. Vivir el factor del higo empezó ese día.

¿Y dónde me llevó?

Mi socio comercial es mi alma gemela, dando una base sólida a ambos viajes. Juan Pablo me ha ayudado a cumplir todos los sueños que he tenido. Al descubrir su talento como artista gráfico, lo incorporé al negocio que nos dio vida. Él me dio la libertad de ser lo que necesitaba ser. El milagro de nuestro amor ha madurado y evolucionado, nutriendo a nuestra familia de maneras que yo fije como niña pequeña.

PALABRAS FINALES: LA BELLEZA DE LA LLUVIA

Soy una empresaria exitosa, y nuestro negocio crece cerca de treinta por ciento cada año. La gente me considera un líder del pensamiento en la comercialización y las relaciones públicas; He dado cientos de discursos en universidades, corporaciones y grupos empresariales en todo el país. Soy periódicamente invitada a la radio, a la television a nivel local y nacional, y autora de dos libros que he publicado.

De la docena de premios exhibidos en mi oficina, estoy muy orgullosa del Premio a la Excelencia Empresarial de un prominente periódico de Chicago; el premio Empresaria Latina del Año de Chicago Latina Network; y el Premio a Contribuciones Excepcionales de la Fundación Sheilah A. Doyle, una organización sin fines de lucro que ayuda a los niños que han perdido a sus padres o hermanos a través de la violencia. Soy miembro de tres juntas directivas. Me gradué con honores de la escuela secundaria y la universidad. Mi carrera descubre otro hito personal para mí. Sin embargo, mi logro más gratificante son mis hijos. Son saludables, felices y... figúrense, les encanta leer y explorar el mundo. Vine a este país con mi familia anhelando vivir el sueño americano. Lo estoy viviendo.

Al comienzo de este viaje, te invité a caminar conmigo. Más que cualquier otra cosa, quería darte un regalo compartiendo mi descubrimiento de cómo vivir una vida asombrosa. Cuando yo era una niña en México, yo no podia mantener un secreto. Compartiendo el factor del higo con usted me recuerda a mi amor por esos momentos de decir-todo -yo no podía guardar estas gemas para mí misma. Quiero que su visión sea panorámica y su vida sea un viaje de alegría. Espero que, a raíz de sus pasos, la gente se detenga y piense que usted es diferente, que representa algo mucho mayor que Ud. mismo. Porque dentro de todos nosotros está nuestro destino, listo para echar raíces.

Al igual que las semillas en el viento.

El Factor del Higo: Pasión

El destino es un lugar delante de nosotros. Es el horizonte que nuestros ojos ven justo antes de dormir. Pero el momento presente conduce al destino. El aquí y ahora son los ladrillos y el mortero que construyen nuestro futuro, y lo construimos todos los días. Quiero compartir con ustedes las cosas que hago a menudo que me ayudan a sentir la felicidad y celebrar los pequeños momentos de la vida.

1) Me encanta usar la palabra "asombroso". Puede, al principio, parecer exagerado; búscalo y encontrarás asombroso, imponente, impresionante. Cada vez que digo la palabra, algo emocionalmente cambia y activa la parte positiva de mi cerebro. Incluso cuando estoy teniendo un mal día, emparejo la palabra con la emoción y no puedo fruncir el ceño. Es un gran barómetro para volver a la pista.

2) Varias veces a la semana, "siento" felicidad. Después de todo, no es una emoción imaginada. La felicidad es real y palpable e intencional. Me detengo, respiro profundamente, e imagino

que mi cuerpo se está llenando de todas las cosas buenas en mi vida. Las bendiciones fluyen a través de mí como agua azul fresca corriendo, limpia y vibrante. Este simple acto me lleva al núcleo de quien soy en este momento presente. Respirar la felicidad me permite estar agradecido tanto física como emocionalmente.

3) Incluso si usted no se considera un escritor, recoja un diario. Escribo en mi diario de gratitud al menos dos veces por semana. Rhonda Byrne, autora de The Secret, me inspiró en este punto. En el lado izquierdo de cada página, enlisto las cosas por las que estoy agradecida; a la derecha, listo las cosas que deseo. El enganche: ¡Escribo el lado derecho de la misma manera que escribo el izquierdo! Por lo tanto, si espero que un nuevo cliente venga a bordo, escribo: *Estoy agradecida por esta nueva empresa que ahora se ha convertido en un cliente*. La gratitud es un acelerador para alcanzar sus sueños en abundancia. El acto de gratitud crea un sentido de amor a tu alrededor que te ayuda a lograr tus sueños.

4) Pregunte a mis hijos la palabra que mejor me describe, y dirán que soy tonta. Me encanta ser tonta. Vuelvo a casa, pongo música de Dora la exploradora y bailo con Leo y Giulianna. Me gusta como a un niño. Viajo a otro mundo lejos de las tensiones de la oficina y las decisiones que enfrento, dándome un sentido de libertad e inspiración creativa. ¿Por qué ser adulto significa que no podemos divertirnos?

5) La comunidad médica todavía tiene que poner la felicidad

en una píldora. El ejercicio o ser activo es lo más cercano que he experimentado a "felicidad instantánea." A veces, llevo a mis hijos lugares donde saltamos, sintiendo la ligereza de la vida con cada rebote. Y, por supuesto, correr y estar fuera con la naturaleza son dos de mis pasiones. Lo que usted elige para traerle la felicidad inmediata, hágalo con una gratitud que desborde.

EPÍLOGO::
Viviendo los Factores del Higo

He sido bendecida al conocer a muchas personas especiales que viven los factores de higo. Algunos de ellos son amigos, algunos son clientes y otros son colegas. No importa sus antecedentes, son personas comunes como tú y yo que hemos hecho cosas extraordinarias con sus vidas. Justo cuando vi los higos fuera de la ventana de mi dormitorio de maneras nuevas y diferentes, estas personas vieron la vida con ojos frescos e hicieron algo de eso que cambió su curso...y trajo un mundo de increíble positividad a muchas otras personas.

Kevin Doyle, fundador y director de la fundación Sheilah A. Doyle , honra el factor del higo por la *persistencia* en la cara de una gran adversidad. A la edad de diecisiete años, Kevin perdió a su madre. Sin dudarlo, eligió convertir el dolor de la tragedia en algo bueno. Hoy en día, transforma las vidas de los niños cuyos padres, tutores legales o hermanos que fueron víctimas de homicidio. Su fundación proporciona consejería para el duelo a través de campamentos libres, becas de estudio para la universidad y asistencia a otras organizaciones sin fines de lucro. ¿Qué admiro más de Kevin? Su sorprendente perspectiva sobre la vida y su elección para marcar la diferencia en las vidas de otros cuyo dolor él siente cada día.

Corey Kelly, fundador y propietario de TriBalance, honra los factores del higo por la *sabiduría* y la *conciencia*. Después de triunfar sobre la depresión y la adicción, Corey obtuvo una visión única de los obstáculos que enfrentan los adolescentes y los adultos. Él es realmente un ejemplo de cómo convertir una situación desafiante en una oportunidad increíble para ayudar a los demás. Él no deja ninguna oportunidad de ofrecer consejos y recursos a través de su yoga y estudio de estilo de vida, el más grande en el Medio Oeste. Él es natural y amable, viajando constantemente alrededor del mundo, aprendiendo técnicas vivas sanas y compartiendo generosamente su conocimiento en escuelas y en acontecimientos de la comunidad. Él es un fisicoculturista vegano, que también es bastante notable. ¡Su estudio creció más de 13,000 pies cuadrados y creció con un personal de tres miembros a treinta-en sólo cuatro años! ¿Qué admiro más de Corey? Su amplia actitud sobre la vida. Él permite que la sabiduría de sus propias experiencias abra sus ojos a las posibilidades.

Steve Fretzin, fundador de Sales Results, Inc. honra los factores de higo por *descubrimiento* y *pasión*. Steve es una de las personas más entusiastas que he conocido. A primera vista, es un exitoso consultor de ventas que aporta resultados positivos a sus clientes. Una vez que usted tiene la oportunidad de aprender su historia, sin embargo, usted encuentra que su compromiso con el éxito realmente comenzó con un trágico accidente de avión que casi le robó su vida a la edad de veintiséis años. Steve era un pasajero a bordo de un avión que se estrelló en una casa, dejando a Steve inmóvil durante más de dos meses. Durante ese tiempo, se dio cuenta de la belleza de la vida y descubrió una nueva forma de vida, impulsada por su pasión por las ventas y hacer una diferencia en las vidas de los demás. Él paso a liderar una compañía exitosa, ayudando a millares de personas a sobresalir en sus trabajos. Fundó Networking Monkey, uno de los mayores sitios regionales de redes de negocios en línea en el área de Chicago, y autor de venta libre de ventas: La muerte de las ventas y el nacimiento de una nueva metodología. ¿Qué admiro más de Steve? Él tomó el regalo de la supervivencia e hizo algo con él.

Lula Esqueda honra el factor del higo *vulnerabilidad*. Lula perdió a su madre y padre en la misma noche en dos lugares diferentes, su madre por cáncer en México y su padre por un ataque al corazón en los Estados Unidos. Cinco niños quedaron en México. Lula era una de los hermanos mayores a los catorce años. Ningún familiar inmendiato los ayudó o los alimentaba, los vestía o los supervisaba. Sufríeron tanto por la horrible pérdida de sus padres, a menudo no tener comida para comer o dinero para pagar las facturas. Lula se casó y se mudó a los Estados Unidos. Durante años, ella y su esposo lucharon por tener una familia hasta que finalmente Dios les dio una hermosa hija que se convirtió en su vida y razón de vivir. Lula tiene un increíble amor desinteresado por su hija; Lo puedes ver en sus ojos. Ella recuerda constantemente cuánto necesitaba su madre, así que ella pasa el mayor tiempo posible con su hija, que ahora tiene la misma edad que cuando Lula perdió a su madre y su padre en esa fatídica noche. Lula está agradecida por la vida que ha vivido y es consciente de que su hija es un regalo precioso. Rara vez habla de su tragedia y nunca se siente resentida o enojada. ¿Qué admiro más de Lula? Lula decidió abrirse y encontrar el amor después de la pérdida. Su sensación de vulnerabilidad la ha ayudado a encontrar una vida construida sobre la alegría, las nuevas posibilidades y su verdadera vocación como madre.

* * *

La siguiente gran historia de vivir los factores del higo es tuya para escribir, y comienza en el momento en que empiezas a hacer un impacto en la vida de otras personas. Esté consciente, alerta y despierto para ver la verdadera esencia de la vida y reconociendo las extraordinarias cualidades de las personas a las que ama, con las cuales trabaja, con quien se sienta al lado de la clase, con quien pasa por la calle o con quien se arropa por la noche. Con este espíritu, no los dejo con mis palabras sino con las de mi marido, Juan Pablo. Para mí, lo que él escribió refleja mejor una vida renacida una y otra vez al honrar a los demás. Sus palabras me recuerdan que cada día de nuestras vidas tiene un tema común: cuando ponemos el corazón de los demás por encima de los nuestros, crecemos. Nos inspiramos para creer en un mundo sin fronteras. Nos dan segundas oportunidades en asuntos grandes y pequeños, e incluso cuando todo el mundo dice que esas oportunidades no existen.

LOS 8 FACTORES DEL HIGO

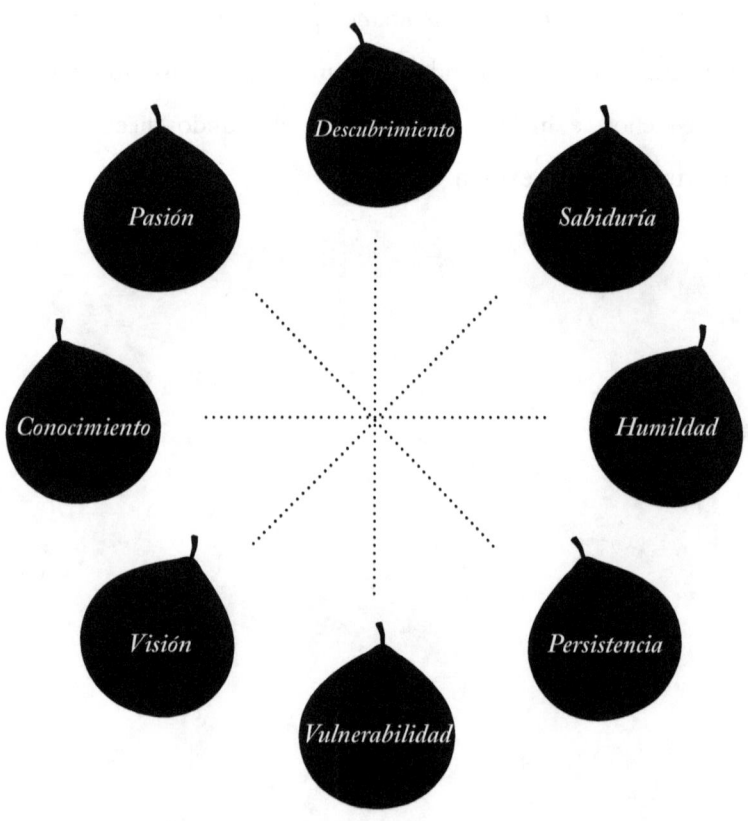

Sobre el Autor

Nacida en la Ciudad de México, Jacqueline Camacho-Ruiz se trasladó a los Estados Unidos a los 14 años, donde aprendió inglés en sólo un año. Hambrienta de conocimiento, Jacqueline obtuvo su título universitario y se convirtió en trilingüe. Desde muy temprana edad Jackie devoró literaturas increíbles. Autores como Dale Carnegie, Zig Ziglar, Napoleón Hill y otros íconos de negocios influenciaron el lanzamiento de su galardonada agencia de mercadeo y relaciones públicas JJR Marketing en 2006.

Una verdadera estrella de relaciones públicas, el iPhone de Jacqueline cuenta la historia: allí residen cientos de números de teléfono para las principales personalidades de los medios nacionales, productores de radio y televisión y celebridades de las redes sociales. Ella es una invitada regular de la televisión y la radio incluyendo CBS World News, CBS Chicago, WGN-TV, ABC7 Noticias, WGN Radio 720.

Jacqueline habla a cientos de audiencias en todo el país se describe por tener un "fuego sobre la comercialización y sobre la vida que salta del escenario".

Jacqueline ganó el Premio Líder Emergente de la Asociacion de Chicago de Mercadeo Directo, Premios a la Excelencia Empresarial e Influencia de las Mujeres en el Negocio por Daily Herald The Business Ledger y fue finalista de Latina Entrepreneur of the Year por la Chicago Latino Network, el Premio a las Mejores Relaciones Humanas de Dale Carnegie, entre otros. Ella sirve en la junta de Junior Achievement-Western Region, Community Contacts y el Publicity Club de Chicago. Es dos veces sobreviviente de cáncer, Jacqueline posee sabiduría sobre la vida más allá de sus años. Vive en el Medio Oeste con su esposo y socio comercial, Juan Pablo, y sus dos niños Leonardo y Giullianna.

www.ingramcontent.com/pod-product-compliance
Lightning Source LLC
LaVergne TN
LVHW020933090426
835512LV00020B/3329